ZHONGHUA WENMING GUSHI

中华文明故事

隋唐展宏图

陈建中 ◎ 主编　　赵显明 ◎ 编著

希望出版社

图书在版编目（CIP）数据

中华文明故事．隋唐展宏图 / 赵显明编著；陈建中主编．
-- 太原：希望出版社，2019.6（2021.6重印）
ISBN 978-7-5379-8074-6

Ⅰ．①中… Ⅱ．①赵… ②陈… Ⅲ．①文化史－中国
－隋唐时代－青少年读物 Ⅳ．① K203-49

中国版本图书馆 CIP 数据核字（2019）第 011190 号

图片代理：全景视觉

中华文明故事／隋唐展宏图

陈建中　主编　　赵显明　编著

出 版 人：孟绍勇
策划组稿：杨建云　　赵国珍
项目统筹：翟丽莎
责任编辑：张　平
复　　审：杨建云
终　　审：孟绍勇
装帧设计：陈东升　　罗紫涵
美术编辑：王　蕾

出版发行：希望出版社
地　　址：山西省太原市建设南路 21 号
开　　本：720mm×1000mm　1/16
版　　次：2019 年 6 月第 1 版
印　　张：8.5
印　　次：2021 年 6 月第 2 次印刷
印　　数：5001-10000 册
印　　刷：三河市同力彩印有限公司
书　　号：ISBN 978-7-5379-8074-6
定　　价：30.00 元

中华文明故事

隋唐展宏图

目录

589 年，雄踞中原的隋朝向偏安一隅的南陈发起了猛烈进攻，数十万精兵席卷江南。腐朽的南陈小朝廷像纸房子一样，数日之间就灰飞烟灭了。黄河两岸、大江南北再次得到了统一，从此，拉开了隋唐盛世的序幕。

隋朝虽然只有短短的 37 年，但是在中国历史上是一个非常重要的朝代。如果说唐朝盛世是一组气势磅礴的大型交响乐，那么隋朝就是这组激扬飞越的交响乐的前奏序曲。所以，人们总是把隋朝与唐朝联系在一起。

隋唐盛世结束了中华大地近三个世纪的南北分裂格局，汇集了中华大地各民族的人才精英，吸收了魏晋南北朝以来丰富多彩的学术思想，继承了整个魏晋南北朝时期取得的丰硕科学技术成果，把中华古文明推向了一个新的高峰。

尽管在隋唐盛世少有像张衡、刘徽和祖冲之那样世界一流的伟大科学家，但是魏晋南北朝时期出现的哲学思潮，在隋唐盛世得到了更加自由的发展，出现了韩愈、柳宗元那样伟大的文学家和思想家。魏晋南北朝时期取得的科学技术成果在隋唐盛世也得到了真正的发扬光大，出现了隋朝的大运河和唐朝的雄伟建筑。魏晋南北朝时期的诗歌、书法、绘画、雕塑，在隋唐盛世得到了更加充分的继承和发展。

更重要的是，随着唐朝的日益强大，东汉末年中断的丝绸之路重新变成了通商要道，与此同时，还出现了新的茶马古道。通过这两条贯穿东西的交流要道，隋唐盛世的先进文化很快传遍了整个欧亚大陆。

在这个重要的历史时期，一个繁荣昌盛、强大发达的唐朝屹立在世界的东方，古都长安也成了当时最繁华的国际大都市，是当时世界文化、商业交流的中心。

隋 盛世现东方
唐

589年，隋朝大军突破长江天险，攻下建康，俘获了南陈的最后一个皇帝——陈后主。分裂长达300多年的中华大地重新实现了南北统一，中国历史上著名的隋唐盛世开始了。

隋朝从581年建立到618年灭亡，存在了37年，虽然是中国历史上历时较短的王朝之一，但却是中国历史上十分重要的王朝之一：

隋朝完成了从北方少数民族地方政权向全国性中央政权的过渡。

隋朝完成了中华各民族的大融合，实现了各民族文化的大交流。

隋朝攻灭南陈，结束了近三个世纪的南北分裂，重新统一了中华大地。

隋朝时期的大运河，贯通了长江、黄河、淮河三大水系。

尽管隋朝存在的时间短，但它为中华古文明的发展、为中国古代学术思想的传播作出了重大贡献。而更重要的是，它为随之而来的唐朝盛世奠定了重要的政治、经济和文化基础。

隋朝奠定根基

隋朝的疆域远远超过了秦汉和魏晋。隋朝首创科举制度，结束了任人唯亲的用人制度。

581年，隋朝建立。隋文帝励精图治，在很短的时间内就把国家治理得国富民强，成了东方大地上最强大的军事帝国。所以，隋文帝南下渡江灭陈国，没有费吹灰之力。

隋朝的疆域相当辽阔，远远超过了秦汉和魏晋。隋朝初年，隋文帝杨坚施行"轻徭薄赋，予民生息"的宽松政策，很快就出现了百姓安居乐业、全国人丁剧增的大好局面。

开皇年间，中华大地呈现一派百业兴旺的繁荣景象，被史学家称为"开皇盛世"。

据统计，隋文帝登基时全国人口只有400万户，到他去世的时候，已经增加到了890万户。即使在盛唐时期，人口最多的时候也没有达到过800万户。

隋朝最重要的功绩之一就是利用魏晋南北朝所取得的科技成果，完成了世界水利史上最伟大的工程——横贯南北的京杭大运河。

《 京杭大运河 》

关于隋朝开凿大运河的原因，流传最广的说法是隋炀帝为了到江南游山玩水，所以开凿了这条贯穿南北的大运河。其实，事情并非如此。

在西晋末年东晋初年，中原地区的人口大量拥到了南方，带去了北方先进的生产技术。因此，江南逐渐被开发了出来。隋朝建立后，国家的政治中心虽然还在中原，但经济中心已经开始逐渐南移。每年都有大批的粮米、木材、茶叶、丝绸、竹器等，需要从江南运往京师和其他北

方重镇。

古代既没有火车，也没有汽车，人们出行时，短途骑马、坐轿，路途太远就只能乘船走水路。因此，那个时候从南方往北方运输大宗的物资，也只能使用船舶了。由于我国的河流多数是东西走向的，因此，闻名世界的京杭大运河就应运而生。

贯穿南北的大运河并不全是人工挖出来的，那样的话工程量就太大了。工程的设计者只是巧妙地把天然的河流、湖泊连接起来，形成了这条南北交通的大动脉。

隋朝开凿大运河是在605年正式动工的。

第一阶段，首先在河南、淮北一带征集了100多万民工，从洛阳向东开凿到山阳，沟通了洛水和淮水。然后，又在淮南征集了几十万民工，从山阳开凿到扬州。

第二阶段，从扬州向南开凿，到达了浙江的杭州。同时从洛阳向北开凿，到达涿郡（今河北省涿州市）。就这样，前后只用了六年的时间，一条贯通南北的水上运输线就顺利开通了。

京杭大运河以洛阳为中心，北起涿郡，南至余杭(今浙江杭州)，沟通了海河、黄河、淮河、长江、钱塘江五大水系，全长2000多千米，是当时世界上最长的人工运河。

京杭大运河的开凿和通航，为南北方的经济和文化交流提供了重要通道。直到清代，这条人工大运河仍然是我国贯穿南北的最重要的运输线。

上千年来，"三江五湖，控制河洛；弘舸巨舰，千轴万艘"，始终是京杭大运河的真实写照。

《 闻名中外的赵州桥 》

隋朝不仅修建了贯穿南北的京杭大运河，还创造了世界桥梁史上的奇迹：在河北赵县的洨河上，修建了世界上第一座敞肩式石拱桥——赵州桥。

赵州桥在世界桥梁史上是独一无二的，已经有1400多年的历史，它是世界上现存最古老的敞肩式石拱桥。赵州桥建于隋大业年间，是一座单拱石桥，全长50.82米，宽约10米，桥拱的跨度长达37.02米，是世界上现存单孔石桥中跨度最长的。桥两旁的石栏杆上雕刻着非常精美的图案，是我国古代桥梁建筑中的一颗明珠。

普通石拱桥的桥拱一般是半圆形，并且跨度很小，最多只有几米长（如北京城西横跨在永定河上的芦沟桥）。赵州桥的桥洞却是一个平缓的弧形，犹如一座美丽的彩虹横跨在洨河上。

赵州桥在设计上也独具特色，它是一座敞肩式石拱桥。一般石桥为了安全，桥洞的两肩都用石料砌实，而赵州桥的设计却完全相反，在唯

赵州桥是敞肩式石拱桥

一的、巨大的桥拱洞的两肩还砌了两个空的小拱洞。这种独特的设计非常巧妙，可以达到一举两得的效果。第一，砌成这种空肩式拱桥，可以节省大量的石料。第二，当桥下洪水过大时，有一部分河水便可以从肩拱中流过去，从而减轻水流对石桥本身的冲击，更加保障了石桥的安全。所以，在这1400多年间，赵州桥不仅经历了多次大洪水的冲击，还经历了两次强烈的地震。直到今天，这座古老的石桥仍旧坚固地横跨在洨河之上。

类似于赵州桥这样的敞肩式石拱桥，在西方直到十四世纪才出现，最有名的是法国太克河上的赛雷桥。赛雷桥尽管比赵州桥晚建了700多年，但由于设计、建造得不坚固，早已经坍塌了。

关于赵州桥的修建，当地还流传着一个古老的神话故事。传说赵州桥是鲁班修建的，石桥建成后，八仙之一的张果老和柴荣兴冲冲地赶去凑热闹，张果老倒骑着毛驴，柴荣推着一辆小车。他们来到桥头时，正巧碰上鲁班，张果老便问鲁班："这座石桥经得起我俩走吗？"鲁班心想，石桥这么结实，骡马大车都能通过，过两个人算什么呀！于是，就请他俩上了桥。谁知道，张果老肩上的褡裢里装着太阳和月亮，柴荣推着的小车里载着五岳名山，他俩一走上石桥，桥马上就被压得摇晃起来。鲁班一看大事不好，急忙跳进水中，用双手使劲撑住了桥洞，才保证了大石桥安然无恙。据说，直到现在，桥面上还留着张果老的毛驴蹄印和柴荣的小车压出来的车辙呢！

在河北民歌《小放牛》里，还真有这么一段有趣的歌词："赵州石桥鲁班爷修，玉石栏杆圣人留，张果老骑驴桥上走，柴王爷推车压了一道沟……"

这段歌词的想象力太丰富了，张果老是唐朝的乐师，柴荣是五代时的后周皇帝柴世宗。他们出生时，这座大石桥早就存在了，而且赵州桥根本不是鲁班修的。由于年代久远，更由于这座桥修建得太结实、太美丽，所以后人误认为是神仙修建的。其实，这座堪称"鬼斧神工"的精美石桥是隋朝的石匠李春设计建造的。这座美丽、古老的石拱桥至今依然骄傲地横跨在洨河两岸，迎送着过往的行人。

〖 昙花一现 〗

605年，隋文帝杨坚因病去世，其儿子杨广继承了皇位，也就是隋炀帝。隋炀帝是中国历史上有名的昏君，从他即位的那天起，隋朝就开始走下坡路，"开皇盛世"也成了昙花一现。

隋炀帝杨广上台后对内横征暴敛，对外频繁用兵，很快就把一个繁荣昌盛的隋朝弄得破败不堪。

秦始皇修筑万里长城，隋炀帝开凿京杭大运河，虽然都有伟大的历史功绩，但那些惨死在修长城、开运河工地上的民众和他们的家人，对秦始皇和隋炀帝都恨之入骨。

因此，隋炀帝杨广也和当年的秦始皇一样，遭到了全国民众的强烈反抗。

隋朝末年，走投无路的贫苦百姓也和当年的陈胜、吴广一样，揭竿而起了。

618年，醉生梦死的隋炀帝杨广被部下杀死，曾经繁荣强盛的隋朝也土崩瓦解了。

唐朝屹立东方

618年，就是隋炀帝死的那年，隋朝的唐国公李渊父子在太原起兵，攻占了长安。同年五月，李渊称帝，建立了唐朝，是为唐高祖。

626年，唐朝发生了著名的"玄武门之变"。李渊的二儿子李世民杀死了哥哥李建成和弟弟李元吉，迫使父亲李渊退位，自己登上了唐朝皇帝的宝座。他就是历史上著名的唐太宗。

唐太宗李世民确实是一位雄才大略、有作为的皇帝。他在隋末农民大起义中弄明白了一个道理：皇帝是船，老百姓是水，水可以载舟，也可以覆舟。

李世民登基后，定年号为"贞观"，也采取了与隋文帝杨坚相同的治国方略：轻徭役，免赋税，限制恶霸豪强，打击贪官污吏，让老百姓休养生息。

经过30年的励精图治，唐朝很快就成了繁荣富强的东方大国。这就是历史上著名的"贞观之治"。

> 唐朝于618年建立，907年灭亡，长达近三个世纪。在近三个世纪中，魏晋南北朝时期领先世界的科学技术结出了灿烂辉煌的丰硕成果，铸成了富庶、繁荣的唐朝盛世，并通过古老的丝绸之路影响了整个世界。

《 女皇主政 》

唐太宗做梦也没有想到，李唐江山竟会落在一个女人手中。

在李世民的后宫中有一位嫔妃名叫武则天，李世民在位时，武则天并不得宠，但她却暗地里和太子李治相爱了。

李世民死后，李治继承了皇位，就是唐高宗。李治当了皇帝，先把武则天送入了寺庙，然后，又把她接回了宫中。这样，武则天也由当年太宗皇帝的嫔妃变成了高宗皇帝的皇后。

这位武皇后非常能干，李治死后，她改国号为"大周"，自己当了皇帝，成了中华五千年文明史上的第一位，也是唯一一位女性皇帝。

武则天本来想立侄子武三思为皇太子，把李唐的江山传给武家。但

武则天无字碑

宰相狄仁杰与武则天的一次谈话，使她打消了这个念头。

据说，狄仁杰曾经问武则天："陛下想一想，是侄子亲，还是儿子亲？陛下百年之后，儿子当皇帝，必然祭祀母亲。如果侄子当了皇帝，在朝堂上同样也要祭祀自己的父母，怎么可能祭祀姑姑呢？您把皇位传给了侄子，祭祀时人家把陛下您摆在哪里呀？"

武则天这才恍然大悟，最终立第三子李显为皇太子，这就为大周江山回归李唐埋下了伏笔。

705年，宰相张柬之等人发动政变，逼迫武则天退位，还政于李唐。尽管史学家们对这位执政近半个世纪的女皇帝褒贬不一，但是有一点是事实，那就是武则天在位期间，唐朝各方面得到了发展。

据说，武则天临死前曾嘱咐家人在她墓前立一块无字碑，让自己的是非功过任由后人评说。此碑现在尚存。

《 玄宗即位 》

武则天在世时，最喜欢她的小孙子——四子李旦的儿子李隆基。武则天喜欢李隆基是很自然的事。武则天太能干了，四个儿子在她的威势之下都显得很软弱，而这个小孙子却从小就有一种过人的气质，很像唐太宗李世民。

中华文明故事

据《旧唐书》记载，李隆基七岁那年，有一次朝堂上举行祭祀仪式，左金吾大将军武懿宗训斥侍从护卫。李隆基马上对他怒目而视，并大声喝道："这里是我李家的朝堂，关你什么事？竟敢如此训斥我家的护卫！"

武则天得知后非常惊讶，不仅没有责怪他，还"特加宠异之"。李隆基在武则天的宠爱下逐渐成长起来，很小时就被封了王。

705年，武则天病逝后，她的小孙子李隆基就脱颖而出，战胜了所有的政治对手，为父亲李旦夺取了皇位。

两年后，李隆基登上了皇帝的宝座，这就是唐朝历史上有名的唐玄宗。

《 开元盛世 》

唐玄宗，民间也称唐明皇。他在位期间，重用了武则天选拔出来的三位贤臣——姚崇、宋璟和张九龄，相继担任宰相，精心治理国家，成绩卓著。

唐玄宗定年号为"开元"，其在位的前三十年，社会安定，军力强盛，经济繁荣。农业、商业和手工业都非常发达，科学技术和文学、绘画、书法等，都取得了前所未有的辉煌成就。唐王朝进入了最强盛的时期，历史上称为"开元盛世"。

据开元二十年（732年）的人口统计，当时唐王朝全国有人口780万户，已经十分接近隋朝"开皇之治"时的人口数量了。然而，乐极生悲，就在唐朝如日中天的时候，灾难也悄悄地临近了。

《 埋下隐患 》

唐玄宗晚年，犯下了两个错误，为唐朝由盛转衰埋下了隐患。

第一，为了加强中央对边境的控制，唐玄宗于开元十年（722年）在西北部边陲设置了十个兵镇，由节度使管辖。这些节度使掌管当地的军政大权，倚权自重，这样一来，就为安史之乱和藩镇割据埋下了隐患。

第二，晚年的唐玄宗陶醉于自己的丰功伟绩，开始追求享乐。任命口蜜腹剑的李林甫为宰相，把朝政搞得乌烟瘴气。接着，他又宠爱贵妃杨玉环。不久，杨玉环的堂兄杨国忠就接替李林甫当上了宰相。

由于唐玄宗对杨氏一门恩宠无比，在那个男尊女卑的时代，世人竟发出了这样的感叹："姊妹弟兄皆列土，可怜光彩生门户。遂令天下父母心，不重生男重生女。"

《 安史之乱 》

755年12月16日，唐朝将领安禄山与史思明起兵造反。他们打着"讨伐奸相杨国忠"的旗号，率领15万大军从范阳出发，兵锋直指京师长安。

由于叛军都是边境上的精锐之师，所以忠于朝廷的军队屡战屡败，叛军很快就打到了潼关。唐玄宗只好任用边陲名将哥舒翰为统帅，镇守潼关。

潼关地势险要，哥舒翰又是唐朝名将。这时，唐朝大将张巡、许远率军死守睢阳。颜真卿兄弟也在山东、河北抵抗安史叛军，已经对叛军形成了前后夹攻之势，吓得安禄山大骂自己的部下："你们让我起兵时，说万无一失，现在前后受敌，恐怕我要死无葬身之地了！"

这个时候，忠于朝廷的军队如果采用哥舒翰的计谋，发挥地理优势坚守潼关，等待援军到来，实施前后夹攻，很可能一举消灭安史叛军。

但是，由于杨国忠忌恨哥舒翰，生怕他破敌立功后，威胁自己在朝中的权势。因此，杨国忠挑唆唐玄宗，逼迫哥舒翰率20万大军出潼关，冒险与安史叛军决战。

忠于朝廷的军队好多年都没打过仗了，战斗力本来就不强，这时又东出潼关，失去了有利地形。结果，哥舒翰大军一败涂地，这位当年称雄西北的唐朝名将也成了安史叛军的阶下囚。

失去潼关后，长安震动，惊慌失措的唐玄宗只好出逃了。

潼关已失，唐玄宗能往哪里跑呢？他只好在御林军的护卫下，向西逃往杨贵妃的老家——四川。御林军走到马嵬时，突然发生了哗变，死活不肯前行，将士们要求杀死祸国殃民的奸相杨国忠。

《 马嵬冤魂 》

原来，御林军官兵因潼关失陷，家人全都陷在长安生死未卜，所以恨死了杨国忠。已经走投无路的唐玄宗，只好答应御林军，处死杨国忠。杨国忠虽然被处死了，但御林军依然不肯前进。龙武大将军陈玄礼上前对唐玄宗说出了众人的心里话："陛下，杨国忠虽然死了，但杨贵妃还在皇上身边，众军心中不安呀！"

此时，唐玄宗只能自保了，无奈之下只好让高力士缢死了杨贵妃。众军上前看清楚确实是杨玉环，这才簇拥着唐玄宗逃往四川。马嵬的杨贵妃墓至今尚存。

从唐太宗的贞观之治到女皇武则天主政，再到唐玄宗的开元盛世，李唐王朝一步一步走向辉煌的顶点。但是，从安史之乱开始，唐朝一下子就从顶点摔落到了谷底，以往的辉煌一去不复返了。

妙手丹青映江天
书法艺术惊后世
韩柳名家天下传
德仙德圣
王杨诗王黛天纯
药王孙思邈
鬼斧古道饮茶香
茶马古道
丝路花雨炫世界
隋唐盛世现东方

丝路 花雨炫世界

在英语中，单词 "China" 可以译为中国，也可以译为瓷器。不过，西方对中国的了解，最初并不是从瓷器开始的，而是从美丽的丝绸开始的。古希腊人称中国为 "赛里斯" ——Seres（古希腊文 "Seres" 还有另外一个意思，那就是 "丝绸"）。

从公元前 4 世纪开始，当美丽的 "赛里斯" 经古印度传入地中海沿岸各国的时候，中国丝绸就开始誉满天下了。

中国丝绸太美丽了，一传到西方就倾倒了西方人。在古罗马，贵族妇女们身上最贵重的奢侈品就是中国丝绸。

从东汉末年到魏晋南北朝，由于战乱，丝绸之路中断了。唐朝建立以后，这条穿越西域，连接东西方的古老的丝绸之路，再一次繁荣起来。

中华
文明故事

美丽的中国丝绸

唐朝出产的美丽丝绸并不都是宫中贵人和唐朝百姓穿用的，有一部分丝绸通过古老的丝绸之路运到了中亚、西亚和欧洲。

隋朝统一之后，北方的丝绸生产很快就从战乱中恢复过来，江南的丝绸生产也在原来的基础上有了进一步的发展。隋朝最重视丝绸生产，在长安和洛阳都设有专门生产丝绸的官方手工业作坊。因此，隋朝的丝绸，在产量和质量上都远远地超过了汉魏。

《 越女耀光绫 》

隋朝江浙一带享有盛名的丝织品叫耀光绫。说起耀光绫，还有个美丽的神话故事。传说，有越女乘舟泛游于石帆山下，发现那里有许多野蚕茧，于是就把这些野蚕茧收集起来，缫成了丝。当天夜里，这个越女做了一个梦，梦见有仙人对她说："你得到的野蚕茧是《江淹文集》中的蠹（dù）鱼化成的，织丝成绫后必然美丽非凡。"

于是，越女把丝织成绫，又做成了衣服，果然光彩夺目，就进献给了隋炀帝杨广。隋炀帝大加赞赏，把它赐给了他最喜爱的两个妃子——吴绛仙和袁宝儿。从那以后，光彩夺目的耀光绫就成了江南丝绸的珍品。

江淹是南朝著名的文学家，年轻时文采特别好。传说，他夜宿江亭时做了一个梦，梦见一个美男子，自称是西晋的郭璞（给《尔雅》做注释的学者）对他说："我有一支笔，在你手里已经好多年了，现在该还给我了。"江淹只好从怀中掏出一支五色彩笔还给了郭璞。从梦中醒来，江淹就才思枯竭，再也写不出好文章了。成语"江郎才尽"就来自于这个传说。

越女发现的野蚕茧当然不可能是《江淹文集》中的蠹鱼化成的，不过，这个神话故事充分说明了江南产的耀光绫极为珍贵。

《 江浙丝织业 》

尽管耀光绫在隋朝很有名气，但是直到唐初，丝绸业的中心仍然是在中原地区。河南道、河北道仍然是最重要的丝织品产地，其次是巴蜀的剑南道。

江南的丝绸生产虽然发展很快，但是无论产量还是质量，都远比不上中原和巴蜀两地。

到了唐朝的后期，江浙一带的丝绸业由弱转盛，脱颖而出，在产量和质量上都有了十分惊人的进步，成了中国丝绸最重要的产地。其原因有三个：

第一，南方气候温暖，与北方相比，更有利于桑树生长和桑蚕的养殖。

第二，安史之乱对北方丝绸业破坏严重，但是对江浙几乎毫无影响。

第三，唐朝初年，江东节度使薛兼训为了提高江南的丝织技术，密令军中没有结过婚的将士花重金把北方丝织技术高超的妇女娶回江南。

美丽的江浙丝绸

唐朝后期，江浙一带的丝绸业在天时、地利、人和三个方面都具备了良好的条件，很快就跃居全国之首了。

《 皇家的金丝绸 》

唐朝丝织品的图案丰富多彩，不仅超过了秦汉，比魏晋南北朝时期也美丽得多，有精美的花草树木、可爱的飞禽走兽和各种锦簇的团花。

从丝绸之路上出土的丝绸制品可以看出，到了唐朝中晚期，丝绸的图案还明显受到中亚和西亚文明的影响。中亚一带非常流行的图案，像忍冬纹、莲花纹、对狮纹、联珠对鸟纹等，都出现在了唐朝生产的丝绸上。

唐朝中晚期，丝织工艺究竟达到了什么样的水平呢？在相当长的时间里，都没有发现足够的物证。直到1987年，由于一次偶然的事故，谜底才终于被揭开。这年的8月，位于西安以西100多千米的扶风县法门寺宝塔轰然倒塌，人们从塔下发现了大量的珍贵文物。

考古工作人员在清理法门寺宝塔的塔基时，发现地宫后室的汉白玉藻井盖上有一道裂缝，用手电筒一照，居然金光反射。原来，里面竟埋藏着大量的金银器和丝织品。至此，被埋藏了1000多年的唐朝皇室丝织品终于重见了天日。

考古人员在法门寺地宫中发现了700多件丝织品，有锦、绫、罗、绢、缣、纱、绮、绣8个品种，代表了整个唐朝丝织工艺的最高水平。这些丝织品的印花贴金、描金、捻金、织金等工艺技术在以前出土的唐朝丝织品中从没有出现过，堪称古今一绝。

法门寺地宫中出土的织金锦是世界上现存最早的织金锦实物。

最令人惊叹的是，这些织金锦上使用的金线直径只有0.1毫米左右，最细的仅有0.06毫米，比头发丝还细。而贴金丝织品所使用的金箔，更是薄到了令人匪夷所思的程度——只有2.4～5.8微米。这些织金、贴金的丝织品，代表了唐朝丝织工艺的最高水平。

我们之前在敦煌壁画和唐朝的许多绘画中，都能看到唐朝女子的服饰。可这次出土文物中女子服饰的美丽程度，还是远远超出了人们以往的印象。在地宫之中的700多件丝织品中，最漂亮的是一条红色的丝裙。

陆上丝绸之路

唐朝设立了安西、北庭两大都护府，牢牢地控制了天山南北的广大地区。安西和庭州不仅是唐朝的军事重镇，也是天山南北重要的商贸中心，为唐朝丝绸之路的再度繁荣起了重要的作用。

西汉开辟的丝绸之路，在东汉末年就因为战乱中断了，直到隋唐盛世才再次呈现出繁忙的景象。

《 古老的丝绸之路 》

汉朝张骞开通的丝绸之路其实有两条：一条是丝绸北道，一条是丝绸南道。

丝绸北道：出玉门关向西北，先到达车师前王庭（今吐鲁番），然后沿着天山南麓西行，到疏勒（今喀什）后往西，越过葱岭，到达大宛、康居和黑海沿岸国家。这就是张骞第一次西行时所走的路线。

丝绸南道：出玉门关西行，先到达鄯善，然后沿着昆仑山北麓西行，经且末到达莎车后，向西越过葱岭到达大月氏和安息。这就是张骞第一次西行返回时所走的路线。

汉魏以后，因为战乱频繁，这两条道路都不通畅了，很少有人敢通

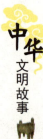
中华文明故事

过这两条艰险难行的路去西方了。只有东晋的名僧法显曾到古印度求取过佛经，至于生意人，谁也没那么大的胆子。

直到盛唐时期，由于国力强盛，古老的丝绸之路才重新出现了繁荣的景象。丝绸之路的第二个春天，是从唐三藏法师玄奘西天取经开始的。

《 古丝路再度开通 》

唐僧到西天取经走的就是这条古老的丝绸之路。唐僧法名玄奘，于640年踏上西天取经之路。这位高僧一路上历尽艰险，从印度回来后还写了一本《大唐西域记》。

唐僧去西天取经是真实的历史，电视连续剧《西游记》中的孙悟空、猪八戒、沙和尚和那些拦路的妖怪都是不存在的，是小说家吴承恩想象出来的。

唐朝贞观四年（630年），唐太宗李世民率领大军扫平了东突厥，然后又平定了高昌、焉耆、龟兹等割据势力。贞观十五年（641年），就是唐僧前往西天取经的第二年，唐朝就在西域设立了安西都护府，加强了对西部边疆的管理，为丝绸之路的畅通提供了安全保障。

贞观二十年（646年），唐朝的军队又深入漠北，把漠北各国也归入了唐朝的版图。从那以后，西部地区和广大的漠北连成了一片，古老的丝绸之路得到了更好的发展机会。

新丝路南道：早在唐朝以前，就已经开辟了青藏高原直通南疆的道路。北魏明帝时，宋云、惠生西游印度，就是从青海的柴达木盆地北边直穿阿尔金山，经过丝路南道上的且末，西行到达印度的。

在唐朝，丝路南道有了新的发展，最重要的是打通了从南疆经青藏高原，然后翻越喜马拉雅山直接到达尼泊尔的通道。这条新丝路南道虽然艰险，却大大缩短了前往印度半岛的行程。

新丝路北道：两汉时期的南北两条丝绸之路其实都在天山以南。其中一条路在塔里木盆地以北，沿天山南麓向西。另一条路在塔里木盆地以南，沿昆仑山北麓向西。两条路都需要翻越艰险的葱岭，才能到达西方。

唐朝在庭州建立北庭都护府以后，打通了新丝路北道，走的是天山以北。从吐鲁番经庭州、弓月、轮台、热海，进入今哈萨克斯坦境内的碎叶，然后直接到达黑海沿岸。

这条位于天山以北的新丝路北道，与原来的线路相比，不仅缩短了东西往来的距离，而且也不用再翻山越岭。更重要的是，中国生产的丝绸可以直接到达东罗马帝国了。新丝路北道的畅通，标志着丝绸之路达到了最繁荣的顶峰。

在唐朝盛世，不仅丝路南道、丝路北道有了新的进展，而且出现了南北相通的横行路线。

这些横行路线把东西走向的各条干线都连接了起来，组成了纵横交错、四通八达的交通网络，使古老的丝绸之路沿线出现了空前的繁荣。

丝路北道的开通，有力地促进了天山以北的经济发展和城市建设。沿着天山北麓，出现了许多新兴的都市和贸易中心，其中最著名的就是碎叶。丝绸之路繁荣时期的碎叶是一个商贾云集的贸易中心，东行西去的客商都在这里中转、交易，进行各种商业活动。

《 古丝路的繁荣 》

近百年间，从唐太宗的"贞观之治"到唐玄宗的"开元盛世"，纵贯东西的这条陆上丝绸之路，达到了它最鼎盛的时期。

唐朝出产的各种名贵丝绸，通过这条古道源源不断地运送到中亚、

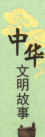

西亚和南亚各地，运送到遥远的欧洲各国。

从西域各国运到唐朝国都长安的货物更是五花八门，有南亚出产的金银珠宝、奇花异草，有西亚出产的刀剑书籍、毛皮香料，有来自地中海的珍禽异兽、乐器颜料，甚至有人从遥远的地中海把蓝眼睛黄头发的女奴和歌舞伎，也通过丝绸之路带到了京师长安。

此时的长安城，不仅是唐朝的首都，商贾云集、富甲天下的名城，还是全世界最繁华的大都市，全世界最富庶的天堂。

这一切都与那数条横贯东西的丝绸之路有着千丝万缕的关联，在敦煌的洞窟中，这一切都永远留在那优美的壁画上，至今散发着浓郁的幽香。

海上丝绸之路

就在这条丝绸之路最繁忙的时候，灾难已经悄悄逼近。755年，唐玄宗最信任的将领——范阳、平卢、河东三镇的节度使安禄山，发动了叛乱，"安史之乱"爆发。

唐朝已无暇西顾，很快就失去了对西域的有效控制，丝绸之路出现了"道路梗绝，往来不通"的萧条景象。唐朝大诗人杜甫曾经发出过无奈的感叹："崆峒西极过昆仑，驼马由来拥国门。数年逆气路中断，蕃人闻道渐星奔。"

唐朝海上丝绸之路繁荣的原因有三个：第一，大食控制了中亚，陆上丝绸之路已经不通；第二，"安史之乱"导致唐朝经济重心南移；第三，东亚、东南亚和阿拉伯各国都希望通过海路与唐朝进行贸易。

唐朝陆上丝绸之路的衰落虽然始于"安史之乱"，但是"安史之乱"并不是唯一的原因。西北这条陆上丝绸之路逐渐衰落还有一个原因，那就是阿拉伯大食帝国的东进。

《 怛罗斯战役 》

7世纪前后，阿拉伯人先后占领了非洲和西亚的广阔土地，并在巴格达建立了都城，历史上称为大食。

大食帝国军力强盛，不断向东方扩张，这样就不可避免地同唐朝发生了严重的军事冲突。

唐玄宗天宝十年（751年），唐朝安西节度使高仙芝借口石国"无番臣礼"，率兵前往征讨。当时，唐朝还十分强盛，石国的国王只好认错求和。

高仙芝本来已经答应与石国和好如初，却又突然发兵攻破石国，俘虏并杀害了石国的国王。石国的王子逃走了，并向大食和其他邻国求援。高仙芝的背信弃义引起了中亚各国的愤怒，大食国趁机联合西域各国，准备出兵袭击唐朝的西域重镇。高仙芝得到消息后，立即率领军队进攻大食。

高仙芝率领三万人马，在今哈萨克斯坦东部的怛罗斯与大食联军展开了激战。

高仙芝率领的唐朝军队有汉兵两万，番兵一万。由于军中的番兵临阵倒戈，唐军大败，将士们大部分战死，小部分当了俘虏，只有数千人生还。这就是历史上著名的怛罗斯之战。

怛罗斯战役导致了三个重要的历史性后果：

第一，大食的军队控制了中亚和南亚。大食人信奉的伊斯兰教也被军队带到了那里，并开始向中国境内推进。

第二，这次战役使数千名唐军将士被俘。军中有许多能工巧匠，有造纸工匠、纺织工匠和画匠等，他们把唐朝高超的技艺带到了阿拉伯，然后又通过阿拉伯传入欧洲，在中西文化交流史上写下了重要一页。

第三，怛罗斯战役后，唐朝逐渐失去了对西域的控制，原来繁忙的陆上丝绸之路变得路断人稀、一片萧条。随后，又发生了"安史之乱"，使北方经济受到重创，中国的经济重心开始南移。

这个时候，东亚、东南亚和其他阿拉伯国家都无法从陆路得到唐朝的丝绸和货物，于是海上丝绸之路开始繁忙起来，并且逐渐取代了原来的陆上丝绸之路。

《 海上丝绸之路应运而生 》

既然叫海上丝绸之路，首先就得有丝绸。

由于"安史之乱"导致北方战乱不断，经济重心出现了大规模南移，江苏、浙江、福建等地逐渐取代中原地区，成了最重要的丝绸产地，为海上丝绸之路提供了充足的货源。

唐朝经过魏晋南北朝的科技大发展，造船技术有了重大进步。唐朝中期，许多港口城市——苏州、常州、杭州、明州（今宁波）、越州（今绍兴）都能制造航海的船舶。据古籍记载，唐朝中期，这些沿海港口已经能够制造20多丈长的大海船，这些船不仅可以装运大量的货物，还可以搭载200多人，是当时世界上最安全的航海大船。

有了大量美丽的丝绸，又有了适合航海的船舶，还有海外大批渴望得到中国丝绸的买主，于是，海上丝绸之路就应运而生了。

《 路在何方 》

唐朝的海上丝绸之路有两条：一条是"北道"——东海航线，另一条是"南道"——南海航线。

海上丝绸之路的北道是东海航线，起点是苏州、扬州、明州、楚州（今江苏淮安）和登州（今山东蓬莱）几个城市，终点是日本和朝鲜。

其中，唐朝与日本的海上交往最频繁。唐朝近300年间，日本往中国派遣唐使多达20次，每次平均180人以上，总人数达3600多人。

日本为什么要派这么多人到唐朝做遣唐使呢？目的有两个：一是学习唐朝的先进文化，二是进行丝绸贸易。

至今，在日本还保存着唐朝的古建筑。这些古代建筑从盛唐一直保存到现在，是当年日本学习唐朝文化的重要历史见证。

日本遣唐使都是官方委派的，来的时候带有大量金银、玛瑙等贡品，进贡给唐朝皇帝，走的时候会得到唐朝皇帝赏赐的优质丝绸。表面上是官方使者进贡的，实际上是一种变相的丝绸贸易。

唐朝与新罗（今朝鲜）的关系也很密切。有许多新罗商人为了做生意方便，甚至在楚州（今淮安）定居。

由于定居的新罗商人数量相当多，也相对比较集中，于是，当地的人们便给他们定居的地方取了个新名字——"新罗坊"。

这些朝鲜族人长期在海上从事商业活动，为两国人民的文化交流和商业贸易作出了重要贡献。

海上丝绸之路的"南道"就是南海航线，南海航线的起点有两处：广州和泉州。终点也有两个：一个是东南亚，主要是今天的印度尼西亚，其中室利佛逝（今苏门答腊）是东南亚最大的贸易中心和中国丝绸的重要集散地；另一个是阿拉伯沿海各国和遥远的东罗马帝国。

唐朝以前，海上丝绸贸易的终点是印度。唐朝由于航海技术的进步，印度河口和锡兰岛（今斯里兰卡）已经变成了海上丝绸之路的重要中转站。唐朝的商船开始远航波斯湾、红海或东非，印度也由原来的海上丝绸之路的终点变成了补充给养地，并进行短期修整，然后再继续向着更远的目的地航行。

　　船队航行最终目的地就是东罗马帝国，而最重要的出口商品仍然是那些美丽的丝绸。唐朝海上丝绸之路的开辟，为两宋时期海上经济的繁荣和科学技术的进步打下了重要基础。

妙手丹青映江天

书法艺术惊后世

韩柳名篇

诗仙卢出装唐

王杨药王神工话建筑

鬼斧神工话建筑

茶马古道飘茶香

丝路花雨炫世界

隋唐盛世现东方

茶马古道飘茶香

世界三大"无酒精饮料"是茶叶、咖啡和可可。其中，咖啡产自拉丁美洲，可可主要产自非洲，茶叶主要产自亚洲。中国是全世界最重要的茶叶产地。

中国人饮茶历史悠久，早在传说中的神农时代，华夏各族人民就开始喝茶了。

两晋时期，喝茶和饮酒一样，在文人士子中开始形成风气。到了唐朝，饮茶更加普遍了，大江南北、黄河两岸，家家户户都喝茶，并且把中国人饮茶的习惯传到了国外，所以茶叶贸易也繁荣起来。这种产自中国的饮品，除了通过传统的丝绸之路运往国外，在我国的大西南还出现了一条专门运输茶叶的"茶马古道"。

中华文明故事

茶仙茶经出盛唐

世界上许多民族都有饮茶的习惯，全世界所有的茶树都是从中国传出去的。中国境内的四川、云南一带是茶树的原产地。

唐朝以前，人们喝茶比较随意，都留下了喝茶的佳话，却没有留下高明的烹茶技巧和优雅的喝茶方法。直到唐朝，出了著名的"茶仙"陆羽，饮茶才发生了重大变化。

《"茶仙"陆羽与《茶经》》

陆羽（733—804年），字鸿渐，湖北天门人。传说陆羽因为生下来相貌丑陋，被父母遗弃，后来，龙盖寺的住持智积禅师收养了他。

陆羽虽然出身佛门净土，耳濡目染的都是梵音，但他却不愿皈依佛门，也不想削发为僧。

陆羽12岁逃离佛门，开始在戏班子里演戏。他虽然相貌丑陋，还有点口吃，却幽默机智，所以，他饰演的丑角非常成功。

俗话说，吉人自有天相。竟陵太守李齐物看了陆羽演的戏，十分赞赏，赠给他许多书，还推荐他跟一位姓邹的学者深造。陆羽勤奋好学，很快就成了著名的学者。

唐朝上元年间，陆羽隐居在湖州苕溪一带，吟诗作赋，游荡林间。他经常在山中采茶觅泉，评茶品水，举世闻名的《茶经》就是在这个时候完成的。

因为陆羽撰写了《茶经》，所以被后人

唐朝陆羽因撰写了著名的《茶经》，被后人称为"茶仙"。《新唐书·陆羽传》中说："羽嗜茶，著经三篇……天下益知饮茶矣。时鬻茶者，制陶羽形置炀突间，祀为茶神。"

尊为"茶仙"。从唐朝开始，茶商们就把陆羽的形象烧制成了陶器，摆在茶坊中祭祀了。学者陆羽也经过一个华丽的转身，变成了茶神。

《茶经》是世界上第一部茶学专著，也是陆羽对全世界饮茶者的重大贡献。这部书分上、中、下三卷，是一部关于茶的历史、源流、生产技术以及如何烹茶、饮茶和茶道的综合性书籍，是中国也是全世界最早、最完整、最全面的茶文化专著。《茶经》的问世，推动了唐朝的茶文化向世界的传播。

《 茶的生长环境与产地 》

陆羽在《茶经》中明确指出，我国的江浙、岭南、西蜀、云贵等地是著名的茶叶产地。

陆羽在《茶经》中生动地描述了茶树的形态："茶树是南方的优良树木。茶树的树形像瓜芦，叶形像栀子，花朵像白蔷薇，种子像棕榈，果柄像丁香，树根像胡桃……茶树种类很多，高度从两尺到几十尺的都有。在巴山、峡川一带甚至有两个人才能合抱的高大茶树，要将树枝砍下来，才能采到芽叶。"

陆羽在《茶经》中还详细记述了茶的生长环境："茶树生长的土壤，以岩石充分风化的土壤为最好，有碎石子的砾壤次之，黄色的黏土最差……茶树栽种三年以后就可以采茶了，茶叶的品质，以山野自然生长的为最好，在园圃里栽种的较差。"

陆羽在《茶经》中详细论述了茶芽的不同品质："向阳山坡，林荫覆盖下生长的茶树，芽叶呈紫色的最好，绿色的较差。芽叶以节间长、外形细长如笋的最好，芽叶细弱的较差。芽叶反卷的比较好，叶面平展的比较差……生长在背阴山坡或者山谷中的茶树品质最差，是不值得采摘的。"

《 茶叶的采摘与制作 》

陆羽在《茶经》中还系统地讲述了茶的采摘方法和制茶过程。

唐朝采茶十分讲究，《茶经》中说："采茶要选天气，有雨不采，有云不采。最好的芽叶肥壮如笋，生长在沃土中的茶树上，长达四五寸，就好像刚刚破土而出的薇或蕨的嫩茎，采摘的时候要在清晨时分带着露水。"

唐朝制茶也十分考究。陆羽在《茶经》中还记载了制茶的方法："先把采摘下来的新鲜芽叶，上甑蒸熟；然后，用忤臼捣烂，再放到模型里用手拍压成一定的形状；最后焙干，穿成串，包装好，茶就算制成了。"

陆羽记述的唐朝制茶方法，同今天普洱茶的制作方法完全一样。

《 饮茶之道 》

陆羽在《茶经》中认定："茶的性质是清凉的，可以降火，最适宜作饮料。"

陆羽在《茶经》中说饮茶有九难："一是制茶，二是识别，三是器具，四是火力，五是水质，六是炙烤，七是捣碎，八是烤煮，九是品饮。"

古人品茶是相当讲究的。古典名著《红楼梦》第四十一回"贾宝玉品茶栊翠庵"中描述了清朝人的饮茶习惯。宝玉要用"大海"饮茶，妙玉笑道："你虽吃的了，也没这些茶让你糟蹋。岂不闻，一杯为品，二杯即是解渴的蠢物，三杯便是饮

妙玉品茶图

驴了。你吃这一海，更成什么？"

妙玉对品茶的妙论，后来就成了文人雅士饮茶的经典。对于饮茶的人来说，一是茶好不如水好，二是美食不如美器。那么，饮茶究竟需要什么样的水呢？

古人讲"茶好不如水好"，意思就是饮茶最讲究水质，陆羽在《茶经》中对饮茶用水进行了精辟的论述。他认为饮茶最好用山泉水，其次是江河中的水，井水最差。

山泉水，最好选取乳泉、石池等流速较慢的流水，奔涌湍急的水不宜饮用。山中的潭水如果是几处溪流汇合蓄起来的水，虽然澄清，但由于水不流动，从热天到霜降前，也许有龙蛇潜伏在其中，水质会被污染。所以一定要先挖开缺口，把污秽有毒的水放走，让新的泉水涓涓流来，然后才能饮用。江河的水，要到离人群比较远的地方去取。井水，要从有很多人汲水的井中汲取。《红楼梦》中妙玉饮的茶，是冬天储存下来的雪水。现在，由于空气污染严重，恐怕雪水已经没有人敢饮用了。

俗话说："美食不如美器。"自古以来，中国人对饮茶的器皿就十分重视，陆羽所处的唐朝对茶具已经非常讲究了。《茶经》中说："饮茶用的器皿，邢州瓷比不上越州瓷。如果说邢瓷像银，那么越瓷就像玉；如果说邢瓷像雪，那么越瓷就像冰；邢瓷太白会使茶汤呈红色，而越瓷青可以使茶汤呈绿色，这都是邢瓷不如越瓷的原因。"

今天，瓷质茶具、

紫砂茶具

玻璃茶具、紫砂茶具都各有特色，其中，紫砂茶具最受欢迎。制作精美、质量上乘的紫砂茶具不仅是品茶的上等器皿，而且已经成了人们争相收藏的珍贵文玩了。

茶马古道运茶忙

唐朝繁忙的陆上丝绸之路和海上丝绸之路，不仅运输美丽轻柔的丝绸，也运输精美的瓷器和誉满全球的茶叶。在祖国的大西南，还专门开辟了往藏族居住区贩运茶叶的"茶马古道"呢！

茶叶是随唐朝的文成公主出嫁而进入藏区的。四川雅安产的龙团、凤饼贡奉朝廷后，也作为和蕃的礼品被文成公主带进了藏区。茶马古道就起源于唐朝内地与西藏、青海等边远地区进行的"茶马互市"。

历史上的茶马古道并非只有一条，而是一个重要的交通网络。茶马古道以青藏道、川藏道和滇藏道三条通道为主线，跨川、滇、青、藏四省区，向外延伸到南亚、西亚和中亚地区，最远端已经到达了欧洲。

青藏高原属于高寒地区，人们需要摄入热量很高的食物。由于藏区蔬菜少，过多的脂肪在人体很难分解。文成公主带入藏区的茶叶既能够分解脂肪，又能够防止燥热，所以，西藏人民创造了喝酥油茶的高原生活习惯。

西藏人民需要饮茶，但是藏区不产茶。而在内地，农业生产使用的骡马和军队作战使用的战马，总是供不应求，藏区和川、滇地区都出产良马。于是，"茶马互市"就应运而生了。

大昭寺文成公主塑像

《 茶马古道的起源 》

茶马古道像美丽的彩带，横亘于青藏高原与川滇之间，穿过崇山峻岭、峡谷长河，越过皑皑雪原、茫茫草地，像一条剪不断的纽带，把内地与藏区紧紧连接在一起，又像一座跨越时空的金桥，把汉藏民族的兄弟情谊传送过去。

由于这种贸易关系主要是以内地的茶与藏区的马进行交换，所以被称为"茶马互市"或"茶马贸易"。而为"茶马互市"开通的商道，就被称为"茶马古道"了。

《 青藏茶马古道 》

唐朝早期的茶马古道就是文成公主和亲时走的"青藏道"，这条路是丝绸之路的重要组成部分，也是历史上著名的"唐蕃古道"。

唐蕃古道是汉藏"茶马互市"最主要的商业通道。因为一半以上的路段在青海境内，因此也称为青藏茶马古道。

这条路的起点是唐朝的长安，终点是吐蕃的都城逻些（今拉萨），跨越陕西、甘肃、青海和西藏4个省区，全长大约3000千米。

这条古道先从长安沿渭水北岸越过陕甘两省的陇山，到达甘肃的天

水,再从天水继续西行翻越鸟鼠山到达临洮(táo)。然后折向西北,渡过黄河,进入青海。最后,再从青海的西宁经玉树、那曲到拉萨。

《 川藏茶马古道 》

四川从两汉开始就已经是中国重要的茶叶产地,而且又毗邻西藏,所以川藏茶马古道开辟得也很早。川藏道也始于唐朝,唐朝为了同大渡河以西的藏区部落进行"茶马互市",专门在汉源和雅安一带设置了贸易口岸。川藏茶马古道就是在那个时候开始形成的。

川藏茶马古道的起点是四川的茶叶产地雅安,从雅安先到达康定,然后又分成南、北两条支线。北路支线从康定向北,经炉霍、甘孜、昌都,到达西藏的拉萨;南路支线从康定向南,经雅江、巴塘、昌都,到达西藏的拉萨。

千万不要以为拉萨就是川藏茶马古道的终点了,其实,四川的茶叶旅行还远远没有结束呢!许多茶叶还要经过尼泊尔和印度,到达更加遥远的中亚和欧洲。

《 滇藏茶马古道 》

唐朝茶马古道的第三条线路是滇藏茶马古道,这条茶马古道始于七世纪前后,比川藏茶马古道出现的时间还要早。

这条路南起云南的茶叶主产区西双版纳和普洱,经大理、丽江和香格里拉进入西藏,然后经德钦、芒康、昌都到达拉萨,许多茶叶再继续从西藏转口印度和尼泊尔。

滇藏线茶马贸易的茶叶,以云南普洱产的茶为主,也有来自四川和其他地方的茶叶。

滇藏线上的茶马贸易方式是这样的:云南内地的汉商组成"马

帮"，把茶叶和其他当地特产运到德钦，销售给那里的藏族商人。然后，再从德钦购买马匹、牲畜、药材和西藏的土特产，运回丽江、大理和昆明销售。

在这三条茶马古道的沿线，还密布着许多条支线，将滇、藏、青、川这个西南"大三角"地区紧密地联结在一起，形成了世界上地势最高、山路最险、距离最遥远的茶马商贸古道。

《 勇敢的马帮 》

千百年来，成千上万辛勤的马帮日复一日、年复一年地行进在这条十分艰险的滇藏茶马古道上，清悠的马铃和奔波的马蹄声在美丽险峻的山林深谷中回荡。

滇藏茶马古道的艰难险阻是超乎寻常的，在艰险的茶马古道上，栈道、溜索、雪山、激流都可能是马帮客生命的归宿。然而，沿途壮丽的自然景观也激发着人们的勇气和力量，使人的灵魂得到空前的升华。

在马帮汉子们的生活中，同样需要温暖的牵挂和美丽的爱情。传说，有些马帮客会在云南的家中娶一个勤劳孝顺的纳西族姑娘，然后在藏区娶一个温柔贤良的"卓玛"。

远隔千山万水，许多纳西族姑娘和西藏"卓玛"一辈子都没见过面。但是，她们都在那个历尽艰险的男人身上倾注着悠长的思念，她们的心中都感激对方。

这样的传统，如今已不复存在。然而，因马帮客而成为亲戚的纳西族人和藏人的友情却一直持续到了今天。

清脆悠扬的马铃声早已经远去，远古飘来的茶香也已消散，留在茶马古道上的前人足迹，已经变成了华夏子孙崇高的民族精神。

名茶种种出华夏

《 古老饼茶天下先 》

在为数众多的茶叶品种中，见于文字记载的最古老的茶是饼茶。因为只有饼茶的制作方法，与陆羽《茶经》中记载的完全一致。

饼茶产于云南，从盛唐开始，在著名的茶马古道上，商人和马帮客们就已经开始大量贩运饼茶了。在"茶仙"陆羽的《茶经》中，详细记载了饼茶的制作过程。

饼茶也叫圆茶或团茶，以产于云南勐海、普洱两地的饼茶最有名。饼茶在唐朝主要销往滇藏、川藏、青藏毗邻处的少数民族地区，现在，普洱饼茶已经成了闻名中外的名茶，深受饮茶者的青睐。

陈年的普洱饼茶茶香浓郁，曾经被茶商们炒成"天价"。近年来，勐海的"七子饼茶"也是饮茶者追捧的对象。普洱饼茶和勐海的"七子饼茶"同属于黑茶，品质优良。

中国是茶树的原产地，也是古老的茶文化发源地，是世界上种茶、产茶、制茶、烹茶、品茶最讲究的国家。中国生产的茶叶，品种繁多，各具特色，从种类上分，有红茶、绿茶、白茶、饼茶、砖茶等。著名的有西湖龙井、武夷岩茶、黄山毛峰、信阳毛尖、庐山云雾、六安瓜片、普洱茶、铁观音、大红袍、碧螺春等优良品种。有诗为证：江南美景映中华，茗茶美誉传天下。红香绿玉团茶美，香飘万里数香茶。

《 西湖龙井美名传 》

西湖龙井得名于龙井村，龙井村位于杭州西湖岸边不远的山麓上。传说，当地有个龙泓，是一个圆形的泉池，大旱不涸。古人认为这个泉池与海相通，泉水中有龙，所以称为龙井，传说是晋代葛洪的炼丹处。

龙井初产于唐朝，明朝达到极盛。

西湖龙井

龙井茶以清明前采制的茶为最好，叫"明前茶"，具有色绿、形美、香郁、味醇的特色，称为四绝。在谷雨前采制的叫"雨前茶"，很早就有"雨前为上品，明前为珍品"的说法了。龙井茶的制作十分考究，以刚刚从山中采摘下来的嫩叶，直接在铁锅中进行人工炒制的鲜茶为最好，称为"炒青"。

只有龙井村附近山上所产的茶才是真正的龙井茶。在产茶的季节，到龙井村边的山上，跟着采茶的姑娘回到家中，就可以买到刚刚采摘下来，直接下锅炒制成的"炒青"了。

龙井茶泡好后，茶芽直立，汤色清冽，幽香四溢。极品西湖龙井就是清明节前采摘的一芽一叶，人称"龙井旗枪"。后世品茶名家赞誉龙井"甘香如兰，幽而不冽，啜之淡然，看似无味，而饮后感太和之气弥漫齿额之间，此无味之味，乃至味也"。

《 茶中之王大红袍 》

中国名茶中，最有名的是武夷山岩茶——"大红袍"。

大红袍是千年古树，稀世之珍。产于武夷山东北部天心岩下永乐禅寺西面的九龙巢，在陡峭的绝壁上仅存三棵六株，峭壁上有朱德元帅亲

中华文明故事

笔题写的"大红袍"三个大字。这六株茶树由岩缝渗出的泉水滋润，不施肥料，生长茂盛，树龄已经有上千年了。

大红袍的特征是外形条索紧结，色泽绿褐鲜润，冲泡后的茶汤橙黄明亮，典型的叶片是绿叶镶红边，极富美感。大红袍品质最突出之处是香气馥郁，香高而持久，岩韵明显。

大红袍很耐冲泡，冲泡七八次后仍有香味。品饮大红袍必须按喝工夫茶的方法，用小壶小杯细品慢饮，才能真正品尝到岩茶之巅的韵味。

因为大红袍茶树生长的环境得天独厚，所以被誉为"茶中之王"。在大红袍茶树所处的峭壁上，有一条狭长的岩罅，岩顶终年有泉水自罅中滴落。泉水中附有苔藓之类的有机物，所以这里的土壤比其他地方的肥沃。茶树两旁由于岩壁直立，日照时间短，气温变化小，再加上平时茶农的精心管理，滋养出了大红袍独到的品质。

真正的武夷山大红袍冲至九次，仍然不失原茶的真味——幽兰香。而其他名茶，只要冲至七次，味就已经极淡了。这是大红袍夺得"茶中之王"桂冠的真正原因。

唐朝茶具冠中华

在陆羽的《茶经》中，虽然详细地论述了各种茶具的功用，论述了瓷质茶具的产地和优劣，但是，在相当长的一段时期内，人们都没能亲眼看到唐朝的精美茶具。

1987年8月，陕西扶风县法门寺宝塔的轰然倒塌，不仅让我们看到了唐朝美丽至极的丝绸样品，也让我们欣赏到了精美绝伦的唐朝茶具。

在法门寺地宫中发现的唐朝茶具中，有制茶用的鎏金茶碾子，有筛茶用的鎏金仙人驾鹤纹茶罗子，有专门储存茶饼用的鎏金双狮纹菱弧形圈足银盒，有专门放盐用的摩羯纹蕾钮三足盐台，有装茶点用的鎏金十字折枝花小银碟和饮茶时使用的琉璃茶盏。

这套皇家供奉的精美茶具为我们提供了唐朝茶具的珍贵实物，其中以那具鎏金壶门座茶碾子最为精致：高7.1厘米，长27.4厘米，槽深3.4厘米，总重1168克。这具茶碾子通体呈长方形，两侧各有一只飞雁流云纹。座壁有镂空的壶门，门与门之间还装饰着天马流云纹。茶碾子打开后，上面是纯银锅轴，轴刃有平行沟槽，轴杆是圆形的，中间粗两端细，上面刻着"五哥"两个字，表明这件器物是唐朝僖宗亲自供奉的。

在法门寺的唐朝皇家茶具中，还有一件储存茶饼用的鎏金双狮纹菱弧形圈足银盒，也十分精美。这个茶盒高12.0厘米，长17.3厘米，宽16.8厘米。盒体作四出菱弧形，浅腹，平底，喇叭形圈足带纹饰鎏金。盒盖、盒身上下对称，以子母扣扣合。盖面隆起，錾有奔狮、蔓草和西番莲。

盒盖、盒身各錾有一圈二方莲叶蔓草，并且以鱼子纹为地。盒底缘錾一圈莲瓣纹。这个精美的茶盒，是唐懿宗时进奉的用器。

在法门寺地宫中发现的茶具里，还有一只独具特色的带有茶托的琉璃茶盏。从这只饮茶器皿的造型中可以准确地得出结论：在唐朝或唐朝以前，我国已经制作出了方便饮茶的高圈足茶托，这在唐朝陆羽的《茶经》中都没有提到过。

鬼斧神工话建筑

盛唐时期，由于社会安定，经济繁荣，领先世界的科学思想很快就转化成了灿烂辉煌的技术成果。唐朝的城市建筑规模宏大，庄重严整，形体俊美，气势磅礴，充分展现了唐朝的繁荣昌盛。

唐朝不仅在京师长安、东都洛阳修建了规模宏大的宫殿和苑林，还在全国许多城市修建了宏伟壮丽的官署、宫室、楼台和寺庙。由于唐朝与海外交往频繁，先进的建筑技艺也流传到了海外。

直到今天，不仅国内可以看到唐朝古建筑的倩影，连隔海相望的日本都把保存完好的唐朝建筑视为国之瑰宝。

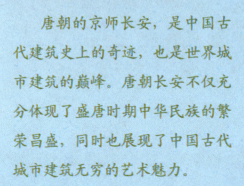

雄伟壮丽长安城

唐朝的京师长安，是中国古代建筑史上的奇迹，也是世界城市建筑的巅峰。唐朝长安不仅充分体现了盛唐时期中华民族的繁荣昌盛，同时也展现了中国古代城市建筑无穷的艺术魅力。

唐朝的京师长安不仅在当时是世界上最宏大、最繁华的城市，即使在今天也不比世界上任何一座城市逊色。

长安有宏伟庄严的皇宫，美丽宽阔的园林；有干净整洁的街道，水波荡漾的湖泊；有高耸入云的佛塔，鳞次栉比的民居。

《 世界最大的城市 》

有人说唐朝的京师长安就是今天的陕西省西安市，这话并不对。唐朝的长安城比今天的西安城大得多。那么，唐朝的长安城究竟有多大呢？

考古结果表明，唐朝长安城的面积是84平方千米，比现在西安市主城区大十倍，是汉朝长安城的2.4倍，是明清北京城的1.4倍。同一时期世界闻名的古罗马城只相当于唐朝长安城的五分之一，当时的世界名城——拜占庭帝国的首都君士坦丁堡，也只有唐朝长安城的七分之一。在唐朝存在的数百年间，长安城的城市规模始终是世界之最。

北京的紫禁城建在城中央，唐朝的长安城可不一样。唐长安城是按照"天人合一"的传统观念修建的：由于天上代表皇帝的紫微星位于北部星空的紫微宫中，外面有东、西两藩十五颗星环抱着它，因此，唐朝长安城的宫城也修建在了最北面的中间位置。

宫城是唐朝皇帝、后妃和太子居住的地方，宫城南面是皇城，是政

府官员办公的地方，唐朝各部门的官衙都设在这里。最外面是百姓居住的外城郭，从东、西、南三个方向拱卫着宫城和皇城。

唐朝长安城的外城共有九座城门，在东、西、南三面各修建了三座城门，北面是宫城，宫城的宫门百姓不能通过，所以不在九门之中。

连接南面三座城门的南北大道有三条，贯通东、西六座门的东西大道也有三条，都非常宽阔。这六条街道中，有五条街道的宽度都在100米以上，全城中轴线上的朱雀大街宽达155米，比现在的北京长安街还宽呢。

《 世界最大的宫城 》

唐朝长安城中最雄伟壮丽的建筑群就是皇帝居住的宫城——大明宫。

大明宫位于长安古城最北面的龙首原上，始建于唐贞观八年（634

唐大明宫遗址

年），是唐朝的政治中心，规模非常宏大：东西宽1.5千米，南北长2.5千米，周长7.6千米，占地面积约3.2平方千米，是人类历史上面积最大的皇家宫苑。那么，3.2平方千米究竟有多大呢？

这么说吧，大明宫比法国的凡尔赛宫大3倍，是克里姆林宫的12倍，法国卢浮宫的13倍，英国白金汉宫的15倍。北京的紫禁城够大吧，大明宫可以放进去四个半紫禁城。

大明宫中有雄伟的宫殿、美丽的园林，还有碧波荡漾的太液池。大明宫共有11座宫门，东、西、北三面都修建了夹城。南面有三道宫墙护卫，墙外的丹凤门大街宽达176米，迄今为止仍然是世界上最宽的街道。可以毫不夸张地说，大明宫是全世界最宏伟的宫殿建筑群。

【 世界最雄伟的宫殿 】

大明宫的建筑雄伟壮丽、气势磅礴，宋、元、明、清历代的皇宫始终无法与之相比。唐朝的宫殿建筑有如下特征：

一、斗拱硕大。唐朝宫殿建筑的基本特征是斗拱宏大，所以屋檐看上去非常深远，给人一种特殊的庄重感。

二、屋檐高挑。唐朝宫殿建筑都是屋檐向上高挑、翘起，有时甚至将屋檐设计成上下两层，现存的典型建筑就是奈良法隆寺东大殿。

三、装有简单而粗犷的鸱吻。鸱吻是屋脊两端的装饰物，唐朝宫殿建筑的鸱吻大都设计成鸱鸟嘴或鸱鸟尾状，具有鲜明的艺术特色。

长安城遗址发掘表明，唐朝大明宫中的大型宫殿建筑有几十处，其中最宏伟壮观的就是含元殿和麟德殿。

含元殿是大明宫正殿，极其雄伟壮观。现存大殿遗址长75.9米、宽45.1米，建在高15米的台基之上，主体建筑面积3500平方米。连同两阁、廊道、大台、龙尾道和殿前广场，总面积约7万平方米。大诗人王维的诗"九天阊阖开宫殿，万国衣冠拜冕旒"，写的就是这座大含元殿。

麟德殿的建筑规模也相当雄伟，殿堂建筑面积约5000平方米，是今天北京紫禁城太和殿的三倍。台基周围出土的大量螭首石刻、莲花方砖和石望柱残块表明，麟德殿不仅规模雄伟，而且极为奢华，充分彰显着唐朝的繁荣昌盛。

《 世界最美丽的园林 》

大明宫的北半部是园林区，建筑布局疏朗，变化多样。紫宸殿以北约200米处是龙首原的北沿，再向北就是宫中宽阔的人工湖——太液池了。

太液池又名蓬莱池，最初开凿于贞观年间，分为东西两池。

池岸高出池底3～4米。太液池中有一座人工堆砌的小山——蓬莱山，山上建有小亭，名太液亭。

太液池是活水，有渠道与宫外相通。太液池的沿岸建有回廊400多间，附近还修建了多座亭台楼阁和殿宇厅堂，都是根据地貌特点分布的，错落有致、景色极佳。岸边种植着各种奇花异草，美若仙境。

据说，开元年间，唐玄宗还命人在太液池岸边修建望月台，并与杨贵妃一起在楼上赏月。在唐朝存在的三百年间，大明宫始终是世界上最雄伟、最美丽的皇家宫苑。

远涉大海传东瀛

唐朝雄伟的长安城和大明宫虽然早已经在兵火战乱中焚毁了，但唐朝的建筑风格和建筑艺术却保留了下来，对中国甚至对整个亚洲的古代建筑都产生了重大的影响，尤其对一衣带水的邻国日本，影响极为深远。

《 相似的城市格局 》

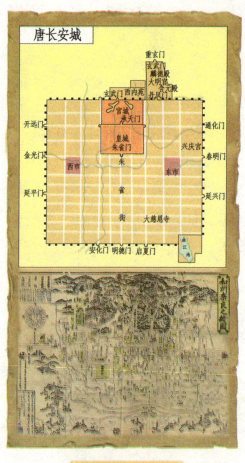

长安与奈良对比图

日本有两座城市的格局与唐朝时期的长安非常相似，这两座城市就是日本在8世纪中叶修建的两座古都——平城京（奈良）和平安京（京都）。

平城京和平安京的城市规模虽然远小于唐朝的长安城，但这两座城市的结构却与唐朝的长安城完全相同——都是方形城郭，都把宫城设置在了全城中轴线的北面，都设置了南北相交的棋盘式街道，甚至连城市中轴线上主干道的名字都完全相同，叫"朱雀大道"。

由于年代久远，平城京和平安京的宫城早已不存在。但是，在平城京却留下了两处建筑群，其中一处是唐朝高僧鉴真东渡日本时建立的唐招提寺，另一处是更加古老的法隆寺。这两处建筑被国际学术界认定为典型的隋唐古建筑。

《 奈良的唐风寺院 》

奈良的法隆寺是典型的唐朝风格建筑群，是中国古代建筑技艺从北魏向隋唐过渡的样本。

法隆寺金堂是一座重檐歇山顶的佛堂，上层并没有房间。为了显示外观的磅礴气势，便将屋顶设计成了独特的二重结构。这是唐朝建筑的重要特色。

五重塔是法隆寺中的一座楼阁式结构木塔，塔内没有楼板，平面呈方形，塔高31.5米，塔刹约占1/3高，上面有九个相轮，是典型的中国南北朝时期的建筑风格。

奈良招提寺也是日本著名的佛教古寺，是759年唐朝高僧鉴真第六次东渡日本时修建的。

鉴真（688—763年）是唐朝高僧。当年日本僧人荣睿、普照受日本佛教界和政府的委托，请鉴真去日本传戒。鉴真六次渡海，最终到达日本。

756年，孝谦天皇任命鉴真法师为大僧都，统理全日本僧佛事务。759年，鉴真及其弟子在奈良设计修建了著名的招提寺。

招提寺的主殿——金堂是日本天平时代保存下来的规模最大、最精美的木结构建筑。金堂正面7间、进深4间，面积约为27.88×14.55平方米，坐落在约1米高的石头台基上。大殿斗拱硕大、出檐深远，具有典型的唐朝建筑特色，至今被日本奉为国宝。

由于日本奈良的法隆寺和招提寺都是600年至800年间隋唐时期的古建筑，具有典型的唐朝建筑风格，所以，有日本学者认为，虽然唐朝时期的建筑技艺起源于中国，但是中国已经没有完整的唐朝木结构建筑了，只有日本才有保存完好的唐朝时期的古建筑。事情真的是这样吗？

山西是全国文物大省。我国现存的唐朝地面木结构建筑共有四处，全部都在山西。另外，全国辽金以前的地面古建筑，也多半在山西。

唐朝时期的古建筑在我们祖国的大地上真的全部消失了吗？如果没有消失，又隐藏在何方呢？

这个问题早在80多年前就有了圆满的答案。中国建筑学界的著名伉俪——建筑大师梁思成和林徽因夫妇，于1937年在山西五台深山里找到了唐朝古建筑的倩影。

《 功夫不负有心人 》

20世纪初，日本学者提出："只有日本才保存有完整的唐朝古建筑。"我国著名的建筑学家梁思成、林徽因夫妇始终不相信。他们认为，中国如此之大，肯定还有保存下来的唐朝古建筑，并开始了寻找。

1937年6月末的一个黄昏，年轻的梁思成、林徽因夫妇骑着毛驴，驮着简单的行囊，带着一个考察队来到了五台山，他们此行的目的就是探访唐朝古建筑。

原来，梁思成和林徽因在法国汉学家伯希和的《敦煌石窟图录》中，发现了两幅描绘佛教圣地五台山全景的唐朝壁画。其中，隐藏在偏远的南台一隅的佛光寺引起了他们的注意。于是，夫妻二人便来到了五台山，在当地老乡的帮助下，发现了在深山中隐藏了上千年的中华国宝——佛光寺东大殿。

佛光寺创建于北魏孝文帝时期，唐王朝建立后，又在寺内兴建了高达32米的弥勒大阁，僧徒众多，声名大振。可惜好景不长，唐武宗会昌五年（845年），大举灭佛，佛光寺被毁。直到847年，唐宣宗李忱继

位，佛光寺才得以重建。

佛光寺大殿是唐朝重新修建的正殿，坐东向西，称东大殿。东大殿居高临下，雄伟古朴，气势壮观，是五台山最大的佛殿之一。

这座大殿无论在构造上还是在造型比例上，都集中反映了唐朝木结构建筑的特点，建筑面积也远大于奈良招提寺的金堂，在世界建筑史上占有重要地位。

用梁思成先生的话来说，这座大殿"斗拱雄大，出檐深远"，是典型的唐朝古建筑。经测量，大殿斗拱断面的尺寸达210厘米×300厘米，是晚清建筑斗拱断面的十倍。殿檐探出达3.96米，是宋代以后所有的木结构建筑中都没有的。

佛光寺东大殿（建于847年）与唐招提寺金堂（建于759年），在建筑时间上虽然相距近百年，结构却很相似。

据梁思成先生考证，佛光寺东大殿和日本唐招提寺金堂的格局，同

五台山佛光寺大殿

样都是阔七间、深四间，都是在内部用金柱环绕一周，都是单檐四注顶，斗拱也非常相似。

佛光寺东大殿和唐招提寺金堂也存在差别，佛光寺东大殿建筑面积为588.2平方米，唐招提寺金堂建筑面积仅约406平方米。

从表面上看，两座大殿屋顶坡度差别较大。佛光寺正殿屋顶是唐朝原作，只有1：2的斜度，具有典型的唐朝建筑特征，而招提寺金堂屋顶的坡度却要陡峻得多。据日本建筑史记载，金堂屋顶曾经改建过，已经不是唐朝原作。

《 南禅寺再现唐风 》

佛教圣地五台山寺院众多，大多数都集中在台怀镇周围。只有一座中国现存最古老的建筑——五台山南禅寺大殿藏在南台之外的山坳中。

南禅寺大殿也是梁思成和林徽因夫妇发现的。在对南禅寺进行考察时，林徽因首先看到了南禅寺大殿大梁上有一行淡淡的墨迹，经过仔细观察发现，这行墨迹记载的居然是大殿的建筑年代：唐朝建中二年（781年）。比佛光寺东大殿还要早75年，距今已有1200多年的历史。由此可以断定，南禅寺大殿是迄今为止我国最古老的木结构建筑。

南禅寺大殿外观气势雄浑，形体古朴。从远处望去，整座大殿俊美非凡。舒缓的屋顶、硕大的斗拱、深远的出檐、简洁的构图，处处显示着雄伟雍容的唐朝气度。

南禅寺大殿为单檐歇山式屋顶，殿前有宽敞的月台，柱上安有硕大雄健的斗拱，承托着屋檐，具有典型的唐朝风格。

大殿内没有柱子，梁架结构简练，四椽栿通达前后檐柱，屋顶平缓舒展，充分展示了唐朝建筑的雄浑气势。

尽管这座大殿的建筑面积只有110多平方米，但大殿及其四周的12

中华
文明故事

根檐柱，及檐柱底部以自然石料制作的柱础，都是唐朝创建时的原物。

尽管南禅寺大殿的建筑规模不大，但凡是看到过它的人，无不为它所展示的唐朝建筑的艺术魅力陶醉、折服。

《 广仁王古庙正殿 》

山西芮城县城北4千米处，有一座战国时期的古魏城遗址，遗址内有个中龙泉村，村北的高阜之上坐落着一座四合院式的小庙，这就是建于唐朝的庙宇——广仁王庙。

据庙中碑文记载，古时候，庙门前有五股泉水涌出，水质甘冽，积水成潭。潭水阔五尺，深一丈，当地百姓称之为"五龙泉"。因此，这座庙也被人们称为"五龙庙"。

广仁王庙正殿坐北朝南，面阔五间，进深三间。正殿平面呈长方形，单檐歇山顶，屋顶厦坡平缓，斗拱硕大，出檐深远，造型极为古朴雄浑。虽经千年风雨，仍然显示着唐朝的风貌。

这座大殿与五台山南禅寺大殿很相似，建筑面积比南禅寺大殿还要大，因此被视为国家之重宝。2001年，被定为全国重点文物保护单位。

广仁王庙正殿门外两侧的砖墙上嵌着四块石碑，都是唐碑原物。其中《龙泉记碑》上刻有文字："县城北七里有古魏城，城西北隅有一泉，其窦如线，派分西流，浇灌百里，活芮之民。"

《 天台庵古刹 》

天台庵坐落在山西平顺县城北王曲村口的一座小孤山上，始建于唐末天祐四年（907年）。天台庵的建筑规模虽然不大，却充分显示了唐朝雄浑的建筑风格，在我国保存下来的唐朝木结构建筑中最具特色。

天台庵是佛教天台宗创建的一座尼庵，这座小巧精致的佛教庵院西临漳河，坐北向南，远山近水，景致极佳。

天台庵主佛殿的面积虽然不足100平方米，但是结构俊美，古朴雄浑。这座佛殿为单檐歇山顶，出檐深广，屋顶平缓，四翼如飞。屋顶的琉璃脊兽体形硕大，堪称一绝，充分体现了唐朝古建筑的雄浑风貌。

天台庵主佛殿已经被列入全国重点文物保护单位。

盛唐古塔耀中华

现存的唐朝古塔中，最著名的有西安的大雁塔和小雁塔、云南大理崇圣寺的千寻塔、河南嵩山的法王寺塔，这些古塔都展示着宏伟壮丽、古朴雄浑的唐朝风格。

在华夏大地上，虽然唐朝木结构建筑保存下来的非常少，但是却有数量众多的唐朝古塔被奇迹般地保存了下来。

据统计，我国保存至今的唐朝古塔有百座以上。唐朝的佛塔都十分高大俊美，古朴雄浑，具有极高的科研价值和艺术价值。

《 西安大雁塔 》

西安大雁塔和《西游记》中的唐僧有着很深的渊源。这座古塔是唐朝永徽三年（652年），唐三藏玄奘从印度取经回来后，为了存放从印度取回的经卷而修建的。

大雁塔是四方形的楼阁式仿木砖塔，塔分七层，由下往上按比例递减。塔的底边长25.5米，总高度64.517米，极其雄伟壮观。

佛塔表面的檐柱、斗拱、栏额、檐椽、飞椽等仿木结构虽然重修过，但是仍然保存了唐朝建筑的原貌。

大雁塔内有木梯，游人可以攀登木梯直达塔顶。登上高塔的游人可以凭栏远眺，观看长安古城全景。这座古塔气魄宏大，造型古朴，充分显示了唐朝时期的建筑风格，很早就被列入了全国重点文物保护单位。

《 西安小雁塔 》

小雁塔建于唐朝景龙年间（707-710年），坐落在西安市南约1千米的荐福寺内。小雁塔是密檐式方形砖塔，初建时为十五层。塔基长11米，塔高约46米，塔身从下往上逐层内收，形成秀丽舒畅的轮廓线。塔的门框用青石砌成，门楣上的精美雕刻充分彰显了唐朝时期的艺术风格。

小雁塔塔内也是空筒式结构，沿着木梯盘旋而上可以直达塔顶。小雁塔因明清两代遭遇多次地震，塔身中裂，塔顶残

西安小雁塔

毁，现在仅存十三层。

由于小雁塔造型秀丽美观，我国各地的砖石密檐塔大都是模仿小雁塔建造的。尤其是云南、四川等地的唐宋密檐塔，都与小雁塔有一定的亲缘关系。

《 大理千寻塔 》

全国各省中，云南省的古塔最多，其中最著名的就是苍山脚下的崇圣寺三塔。

崇圣寺三塔，位于苍山脚下大理城北1千米处。三塔中的主塔名千寻塔，是密檐空心砖塔，建于唐开成年间。塔呈方形，共十六层，高69.13米，是我国现存偶数层古塔中层数最多、高度最高的一座。

千寻塔的造型最像西安的小雁塔。这座古塔最底层较高，上部是多重密檐，塔身中部微凸，上部又缓缓回收，形成柔和的弧线，整体造型极美。

大理崇圣寺三塔

在这座千寻塔的西面，南北对称的还有两座八角平面砖砌密檐塔，二塔形象和大小相近，高度都在40米左右，两座小塔建造时间稍晚。三塔峙立，为大理的秀丽湖山增添了不少美景。

令人感到惊奇的是，这三座古塔具有相当强的抗震能力。由于云南是地震高发区，唐朝的寺院建筑今天早已荡然无存，但是这三座雄伟的砖塔却能巍然屹立，确实是奇迹。

据说，明代正德十年（1515年），大理曾发生强烈地震，千寻塔也"开裂如破竹"，从中间裂开了。令人惊奇的是，10天之后，古塔的裂缝居然自动弥合了，时至今日安然无恙。1925年，大理又发生强烈地震，城内房屋倒塌了99%。然而，大理三塔仍旧岿然不动，仅震落了主塔塔顶上的宝刹。

由此可见，大理崇圣寺三塔确实具有很强的抗震能力。1961年，国务院将大理三塔列为全国重点文物保护单位。

药王　神医出盛唐

中国古代的传统中医学传承了数千年，博大精深，影响深远。

在众多医学大师中，有两个人最为世人所称道，其中一位是东汉名医——名满天下的"医圣"张仲景；另一位就是唐朝"药王"孙思邈。他们不仅以精湛的医术、精深的医理享誉中华，更因高尚的医德流芳千古。

我国民间流传着"神农氏尝百草"的故事，中国古代的"药王"本来是上古时候的神农氏，什么时候变成了唐朝神医孙思邈呢？这还要从孙思邈的传奇故事说起。

中华文明故事

精湛的医疗技术

孙思邈（581—682年），唐朝京兆华原（今陕西铜川市耀州区）人。他一生致力于中医学的理论研究和临床实践，作出了举世瞩目的重大贡献。由于他医术高超，用药神奇，被后人尊为"药王"。

传说，孙思邈小时候体弱多病，常年请医生看病、服药，几乎花光了全部家产。于是，他立志学医，为乡亲们解除病患。

孙思邈学习十分刻苦，20岁的时候就已经开始为乡亲们诊病了。他不仅擅长传统中医疗法，而且非常重视民间的单方和验方。孙思邈临床诊病的水平非常高明，对内科、外科、妇科、儿科和针灸都非常精通。

由于孙思邈医术精湛，民间流传着许多关于他的神奇故事。

> 孙思邈一生致力于药物研究。他登峨眉，上终南，长期隐居太白山，采集和研究草药。由于孙思邈对药理、药性有独到的见解，诊病用药常常一剂见效，因此被后人称为"药王"。

《 起死回生 》

有一年，孙思邈入终南山采药，过了好几个月才出山。这一天，他正沿着山边的大路往前走，远远看见几个人抬着一口棺木，后面还跟着一位老妇人。那老妇人号啕大哭，悲痛欲绝。

孙思邈仔细观察，发现有鲜血顺着棺缝渗出来，而且滴滴鲜红。看到这种情况，孙思邈急走几步，赶上那位老妇人，询问道："老人家，棺中装殓的是什么人？得的是什么病？"

老妇人停住哭声，对孙思邈说："棺中是我的儿媳妇，因为难产，已经死去两天了。孙子没抱上，儿媳妇也没了，岂不让人心痛啊！"说

孙思邈采药图

罢，老妇人哭得更伤心了。

孙思邈安慰老妇人说："老朽行医多年，棺中之人还有救啊。"老妇人听说有救，半信半疑地说："我儿媳已经死去两天了，除非孙真人来了，尚可有救。可他入山已久，到哪里寻找啊？"说罢又放声大哭。

孙思邈赶紧回答："老朽正是孙思邈。"老妇人擦干了泪眼，抬头仔细一看：来人鹤发童颜，精神饱满，身背药筐，步履矫捷，正是孙真人。她也不哭了，立即对着前面抬棺木的人大喊："停棺，快停棺！"

按我国民间习俗，棺木走到半路是绝对不能停的。因此，抬棺的人以为老妇人哭糊涂了，大声回答："半路上不能停棺！"老妇人急了，再次大声喊："停棺！停棺！我儿媳妇有救啦，孙真人来了！孙真人来了！"

听说孙真人来了，抬棺的人才停下来，让棺木缓缓落了地。但是，还有人在小声嘀咕："医生治病，可治不了命啊，没听说过谁能把死人治活的。"

孙思邈快步来到棺前，让人打开棺盖一看，十分震惊地说："好险呀！我再迟来一步，这母子二人可就真的死了。"

孙思邈随即拿出银针，找准了穴位，开始给棺中的妇女行针。众人围着棺木，瞪大眼睛，屏住呼吸，盯着棺内的妇人。过了片刻，棺内就传出婴儿清脆的啼哭声和产妇无力的呻吟，众人这才松了一口气，老妇人则连连叩头谢恩。

事后，有人当面称赞孙思邈有起死回生之术，孙思邈回答道："我哪里能起死回生，我看到棺中滴出的是鲜血，就知道棺中之人还未死，所以才敢让人停棺施救的。"

孙思邈一针救两命的故事不胫而走，轰动京兆，传遍唐朝。从那以后，世人都认为孙思邈真有起死回生的仙术呢！

《 悬丝诊脉 》

在电视连续剧《西游记》中，有一个孙悟空给朱紫国国王看病的故事，故事中的孙悟空曾经用过"悬丝诊脉"的高超医术。其实，传说中的"悬丝诊脉"就来自孙思邈。

唐朝贞观年间，唐太宗李世民的皇后长孙氏怀孕十多个月了不分娩，后来干脆卧床不起了，虽经多位御医诊治，病情始终不见好转。李世民每天眉头紧锁，坐卧不宁。

这一天，唐太宗处理完朝政，单独留下了徐茂功，问道："皇后身患重病，经太医各种诊治，全无效果。爱卿可知道哪里有名医能为皇后诊病？"

徐茂功早就听说过神医孙思邈的大名，于是，就把孙思邈推荐给了唐太宗李世民。李世民立即派使臣星夜赶赴华原县，把孙思邈召进了皇宫。

孙思邈悬丝诊脉

唐太宗见孙思邈一派仙风道骨，十分敬重，诚恳地对他说："听说孙先生医术超群，有起死回生之术，现在皇后身患重病，特请先生前来诊治。"

唐朝宫中，医生给宫内妇女看病是不能接近身体的，只能根据口述进行诊治，然后用药。孙思邈是一位民间医生，更不能接近皇后的凤体了。于是，他先叫来皇后身边的宫女详细询问了病情，又向原来给皇后诊病的御医要来了病历和处方认真审阅。

孙思邈为了了解皇后的病情，取出一条红丝线，叫宫女把丝线的一端系在皇后的右手腕上，把另一端从竹帘中引出来交给自己。孙思邈敛气凝神，捏着线的一端，开始"悬丝诊脉"。诊完右手，再诊左手，大约一盏茶的工夫，孙思邈通过这根细细的丝线，已经完全掌握了皇后的病况。

唐太宗见状，就向他询问皇后的病情。

孙思邈答道："皇上，皇后娘娘的病症并无大碍，只是由于婴儿胎位不正，出现难产，才使得娘娘出现如此险象。皇上不用担心，只需我

中华
文明故事

在皇后的右手中指扎上一针，即可痊愈。"

李世民立即吩咐宫女，将皇后的右手中指捧到竹帘边上，孙思邈看准穴位猛地扎了一针。皇后因为疼痛，浑身一阵颤抖，不一会儿就听见了婴儿"呱呱"的啼哭声。

很快，一个小宫女从帘后跑了出来，向唐太宗报喜："皇上，扎针之后皇后娘娘已产下皇子，人也苏醒过来了。"

唐太宗见皇后母子平安，非常欣慰，对孙思邈说道："孙先生果真有妙手回春之术，今日医好皇后，又得皇子，是奇功一件。寡人想留你在朝中，执掌太医院，不知你意下如何？"

孙思邈从小立志为贫苦百姓治病，不愿当官，因此婉言谢绝了唐太宗的邀请。于是，太宗皇帝赐给孙思邈一面金牌、一匹良马、千两黄金、百匹绸缎，并大摆宴席，一来欢送孙思邈，二来庆贺喜得皇子。孙思邈谢绝了唐太宗赏赐的黄金绸缎，飘然而去。

唐太宗为了感谢孙思邈，曾亲临华原县药王山拜访孙思邈。药王山南庵至今还保留着唐太宗走过的"御道""拜真台"和唐太宗亲赐的真人颂古碑。

据说，碑上确实刻着唐太宗李世民的颂词："凿开径路，名魁大医。羽翼三圣，调合四时。降龙伏虎，拯衰救危。巍巍堂堂，百代之师。"

精深的医学理论

孙思邈医术精湛，精通医理，晚年隐居于京兆华原五台山（今陕西铜川市耀州区药王山），精研医学理论，著书立说。

据史书记载，孙思邈一生著书80多部，涉及哲学、医学和养生等许在孙思邈的医学著作中，对后世影响最大的是《千金药方》和《千金翼方》这两部医学巨著。这两部书合称为《千金方》，是对唐朝以前中医药学成就的系统总结，也是我国最早的临床医学百科全书。

多方面。著名的有《老子注》《庄子注》《千金要方》《千金翼方》《枕中素书》等。遗憾的是，这些著作大都散佚了，只有《千金药方》和《千金翼方》保存了下来。

孙思邈为什么把这两部重要的医学典籍用"千金"命名呢？他在书中写得非常明白："人命至重，有贵千金，一方济之，德逾于此。"在孙思邈的心中，人的生命非常珍贵，远远超过了千金。

《千金要方》

孙思邈所著的《千金要方》是我国最早的医学百科全书，从中医学的基础理论到临床诊病、用药，都进行了详细论述。《千金要方》共三十卷，分为230门，书中的分类方法已经非常接近现代临床医学的分类方法。

孙思邈广泛吸收了各个朝代不同医家的长处，尤其看重汉代神医张仲景。在《千金要方》中，孙思邈详细论述了精深的中医学理论，论述了内科、外科、妇科、儿科等各科疾病的临床诊治方法和急救、解毒、针灸、按摩、养生、导引、吐纳等治病和防病措施。

这部巨著是对唐朝以前中医学理论和实践的全面总结。

孙思邈的《千金要方》记载了方、论5300多首，内容丰富。书中的方剂有两大来源：一类来自古代的医学典籍，一类来自民间的单方、验方。很多内容至今仍然对我国中医学的发展起着重要的指导作用，具有极高的学术价值，是我国传统医学宝库中最重要的巨著。

《千金翼方》

《千金翼方》也是三十卷，这部书是对《千金要方》的全面补充，也是孙思邈晚年的重要医学著作。

《千金翼方》分为189门，全书记载了方、论2900余首，内容涉及伤寒杂病、妇科、儿科、中风、疮痈、草药炮制等多项内容。最重要的贡献在以下两个方面：

第一，孙思邈在《千金翼方》中将两晋隋唐时期散失到民间的《伤寒论》医理全部收集起来，单独撰写了第九、第十两卷。医学界至今认为，《千金翼方》中这两卷的内容是唐朝研究《伤寒论》的最权威的著作。

第二，孙思邈在药物学研究方面倾注了大量的心血，在《千金翼方》中对常用的200多种中草药都进行了详细的记载。从药物的采集到炮制的方法，再到药物的性能配伍和临床应用都进行了详细探讨。

可能正是由于对中草药精心的炮制和独特的配方，孙思邈用药才有了"一剂见效"的神奇疗效，孙思邈自己才有了"药王"的尊称。

孙思邈的《千金要方》和《千金翼方》合在一起，被后人称为《千金方》。

由于其在医学上的重大贡献，孙思邈去世后，人们尊他为"药王"，并将其隐居过的铜川五台山改名为"药王山"。至今，每年的农历二月初三，当地的老百姓

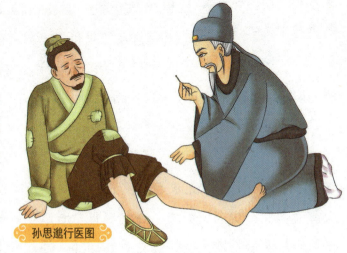

孙思邈行医图

都要举行庙会，纪念这位为医学作出重大贡献的医药学家。

孙思邈是第一个系统提出"医德"思想的人，孙思邈不仅被世界医学界称为"医学论之父"，而且还被列入了世界三大"医德名人"。他在《大医精诚》这部书中明确表示："凡大医治病，必当安神定志，无欲无求，先发大慈恻隐之心，誓愿普救含灵之苦。"

孙思邈高尚的医德在全世界都享有盛誉，海内外医学人士一致认为孙思邈是中国古代医德思想的创立者。

《 医德高尚 》

早在孙思邈之前，先秦的扁鹊，汉末的张仲景、董奉和华佗，医德都很高尚，为什么只有孙思邈一人被列入了世界三大"医德名人"呢？

原来，尽管中国古代医德高尚的名医层出不穷，但是孙思邈第一个提出了系统的医德理论。他在《大医精诚》中明确写道："良医对于前来看病的患者不得问贵贱贫富。"并且强调，无论患者年龄大小、美丽丑陋、聪明愚昧，也无论患者是好友还是仇敌，只要是患者，都应该像对待自己最亲的亲人一样为他们诊病、医治。如此宽广的胸怀、高尚的医德，确实难能可贵。

《 无欲无求 》

孙思邈一生无欲无求，确实做到了"先发大慈恻隐之心，誓愿普救含灵之苦"。史书记载，早在北周宣帝时，朝廷就曾征召孙思邈为"国子博士"。但是，为了解除百姓的病痛，他没有出仕做官，而是选择了行医的人生之路。隋文帝杨坚建立隋朝以后，曾再次征召孙思邈入朝当官，仍然被他以"生病"为由婉拒。

唐王朝建立之后，太宗皇帝、高宗皇帝都曾经聘请孙思邈入朝为官，也同样被他婉言谢绝。为解除穷苦百姓的病痛，孙思邈终生没有入朝为官。

孙思邈虽然没有步入仕途，但老百姓给予了他最高的荣誉——"药王"。

《 珍爱生命 》

孙思邈高尚的医德还表现在他非常珍爱生命，爱护野生动物。他虽然被人们尊为"药王"，却并不是什么药都用，他一生坚决反对用动物入药。

孙思邈在《备急千金要方》中说："自古圣贤治病，都用生命救济危急，这虽然被称赞为'贱畜贵人'，但是珍爱生命的道理对人、对动物都应该是一样的。如果用杀生的方法求生，离生就更远了。我不用动物入药，就是这个原因。"

孙思邈在一千多年前就能够深刻

孙思邈爱护小动物

孙思邈医虎图

地认识到人和动物在自然界的平等地位，确实难能可贵！那些以野生动物为美味佳肴的人们，应引以为戒。

孙思邈非常爱护动物，在民间还流传着许多孙思邈给动物治病的小故事。传说，他不仅教育、劝阻孩童不要虐待小动物，还给凶猛的老虎治过伤病。

有一次孙思邈上山采药，在回家途中被一只老虎拦住了去路。孙思邈心里有些害怕，只能盯着老虎，希望求得一线生机。就在这时，他意外地发现了一个奇怪的现象：这只老虎并没有要向他扑过来的意思，只是张着大嘴蹲在地上，忧伤地注视着他，似乎在乞求着什么。

孙思邈慢慢地走近老虎，仔细观察，发现有一大块动物骨头深深地扎进了老虎的咽喉。这位仁慈的"药王"很想替老虎取出咽喉中的骨头，但是又担心老虎因为疼痛而突然合上嘴，这样就可能会咬断自己的胳膊，弄不好还会有生命危险。

于是，他取下扁担上的一个铜环，嵌在老虎的口中，将虎口完全撑开，然后再把手从铜环中伸入虎口深处，迅速拔出了骨头，并在伤口处抹上药膏，老虎的痛苦解除了。

据说，从那以后，这位药王每次上山采药时，都会有一只老虎远远地注视着他，暗中保护他的安全。

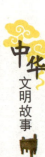

中华文明故事

唐朝以后，走街串巷的平民医生就把铜环改制成了一个手摇铃，并成为他们出诊、采药必备的工具。这个手摇铃有一个形象的名字——虎撑。

神奇的养生之术

令人惊异的是，孙思邈的生卒年限，至今仍然是一个不解之谜，没有人知道孙思邈在世上究竟生活了多少年。在《辞海》中是这样写的：孙思邈（581—682年），注明他享年101岁。但《辞海》中的说法，无论是史学家还是医学家，都不大赞同。

科学研究表明，人的自然寿命本来应该在0～140或0～180岁之间，为什么很少有人能在世上活这么久呢？关键在于没有掌握科学的养生方法。

《养生观》

为什么会出现这样的状况呢？原因就在于孙思邈神奇的养生之术。不用说孙思邈活了多少岁，在当时那个"人活七十古来稀"的历史年代，能够活101岁就已经是奇迹了。

孙思邈年过百岁却视听不衰，确实非常了不起。那么，他究竟是如何做到的呢？原来呀，他把儒家、道家以及外来的古印度佛家思想同中医学的养生理论结合在一起，创出了一套

寿星孙思邈

切实可行的养生方法。

孙思邈养生理论的核心：心态一定要保持平衡，不要一味追求名利；饮食要有所节制，不要暴饮暴食；气血要注意畅通，不要懒惰呆滞不动；生活要起居有常，不要违反自然规律。

《枕中方》

孙思邈在《枕中方》一书中提出了中医养生学的重要理论。

孙思邈的养生理论，最强调人的道德修养。孙思邈在书中说，养生之人必须做到"不欲谋欺诈恶事，此大辱神损寿也"。也就是说，一个人必须有良好的道德品质才谈得上养生。每天光想着干坏事的人，是不可能长寿的。

孙思邈强调人的道德修养，并不是宣扬封建迷信，也不是谈因果报应。任何人如果一心只想害人，必然思虑过度，必然会"伤神"和"损寿"。每天都生活在"伤神"和"损寿"之中，哪里还谈得上养生呢？

孙思邈还认为，人不能太懒惰，不能一天无所事事。养生重要的原则是"体欲常劳"，也就是说要经常劳动和锻炼。他在《枕中方》中明白地告诉世人："流水之所以不腐败，户枢之所以不生虫，因为它们总是在不停地运动之中。"

孙思邈还提出，生病与饮食密切相关。他指出人之所以会"万病横生，年命横天"，大多数是因为饮食不当的缘故。那些不注意饮食，经常大吃大喝、暴饮暴食的人，最容易生病。来得缓慢的人会"积年成病"，来得快急的人甚至会"灾患卒至"——突然死亡。

那些经常以野生动物为"美食"的人，因为食物中毒而突然猝死，也是因为不注意饮食造成的。这也是孙思邈给人治病拒绝以动物入药的原因。

《 "养生术" 的核心 》

孙思邈撰写的养生书籍《太清丹经要诀》《摄养论》和《枕中方》等，都没能完整地流传下来。不过，我们在后人撰写的医学和养生学著作中，仍然可以看到人们引用的孙思邈书中的重要内容。

孙思邈非常重视运动养生。今天，人们常用的养生方法，如发常梳、目常运、齿常叩、耳常鼓、面常洗、头常摇、腰常摆、腹常揉、膝常扭、脚常搓、常散步、摄谷道、漱玉津……都是孙思邈流传下来的。

孙思邈的养生方法虽然很重要，但是更重要的是他的养生观念。孙思邈在《枕中方》中已经明白地告诉了我们：任何人要想健康长寿，首先应该提高自身的道德修养。如果心态不好，不能做一个心地善良、道德高尚的人，所有的养生方法都只能是水中捞月而已。

王杨卢骆当时体

唐朝大诗人杜甫有一首诗："王杨卢骆当时体，轻薄为文哂未休。尔曹身与名俱灭，不废江河万古流。"

诗中的"王杨卢骆"，说的是唐朝初年的著名诗人王勃、杨炯、卢照邻和骆宾王。他们四个人就是著名的"初唐四杰"。

杜甫出生的时候，"初唐四杰"中最后离世的卢照邻也已去世多年。杜甫为什么还要"以笔为剑"，为他们打抱不平呢？

原来，中唐时期，"初唐四杰"已经对诗坛产生了深刻的影响，但那些庸俗文人仍然指手画脚地批评他们。所以，杜甫鄙夷地嘲讽这些人："尔曹身与名俱灭，不废江河万古流。"

初唐四杰，为首的是王勃。王勃（650—676年），字子安，河东绛州龙门（今山西河津）人。

《 英年早逝 》

王勃的祖父是隋朝最知名的学者、大儒学家"文中子"——王通。

王家是河东的名门望族，由于世代书香，再加上从小聪明好学，王勃还未成年就已经声名远扬，十几岁就被赞为神童。666年，16岁的王勃因才学出众被聘为沛王李贤的王府侍读。

天有不测风云，仅过了两年，王勃就因为写了一篇《檄英王鸡》，被唐高宗李治逐出了沛王府。唐朝咸亨三年（672年），王勃出任虢州参军，又因为擅杀官奴，险些被处以极刑。在这件案子中，王勃虽保住了性命，却牵连了当官的父亲，父亲被贬为交趾令。676年，王勃南下探望父亲，在北部湾乘船渡海时溺水，因受惊吓而死，年仅26岁。

王勃虽然英年早逝，但给我们留下了许多精美的文学作品和诗歌，《全唐诗》收集了80多首王勃的诗。

王勃在《滕王阁序》中留下的名句"落霞与孤鹜齐飞，秋水共长天

王勃的诗词，诗句优美，对仗工整，典雅清丽，声情并茂，在初唐诗坛上独占鳌头。

王勃像

一色"，直到今天仍然被人们视为千古绝唱。

《 诗文佳句传千古 》

好诗大多有感而发，古来送别友人的名句不在少数，但很少像王勃的"海内存知己，天涯若比邻"那样家喻户晓，成为千古名句。这首《送杜少府之任蜀州》全诗如下：

城阙辅三秦，风烟望五津。与君离别意，同是宦游人。

海内存知己，天涯若比邻。无为在歧路，儿女共沾巾。

这是王勃送别一位姓杜的朋友到蜀中任职时所赠的诗。诗中描写的景象相当壮美：近处三秦大地，拱卫着唐朝长安雄伟的城阙，远处滚滚风烟弥漫在通往川蜀五津的路上。两个要好的朋友正在依依惜别……

这首诗意境旷达，爽朗清新，一洗古典送别诗中的悲凉凄怆之气，充分表现出了作者高远的志向和豁达的胸怀。

第一句，"城阙辅三秦，风烟望五津。"诗人只用了十个字，就把城阙雄伟的京师长安和风烟笼罩的川蜀古道形象地展现在了读者面前。

第二句，"与君离别意，同是宦游人。"虽然没有工整的对仗，韵味和意境却十分深远，既表达了自己的内心世界，又宽慰了朋友。

第三句，"海内存知己，天涯若比邻。"是全诗的精

《送杜少府之任蜀州》意境

中华文明故事

华，意境已经从深远转向宏大，情调也从凄恻转向豪迈：我们虽然分别了，但是并不遥远，仍然是四海之内的知己。即使远在天涯，我们的心也是连在一起的。

结尾一句，"无为在歧路，儿女共沾巾。"有戛然而止的意境。在这即将分手的岔路口上，我们不能像青年男女那样，用泪水告别。既是对朋友的激励和劝慰，也是自己内心情怀的表述。

唐诗中送别友人的诗很多，但是能达到这种深远境界和艺术水平的并不多。

王勃的《秋江送别二首》写得也非常好。他的诗有感情、有意境，不仅诗中有画，画中有诗，并且能让诗、画、情紧紧地交织在一起，其意境之深远、画境之美妙、感情之纯真都跃然纸上。

《 滕王阁上美名标 》

晚唐进士王定保在《唐摭言》中记载了一则文坛上的趣闻，就发生在江西南昌著名的滕王阁上。

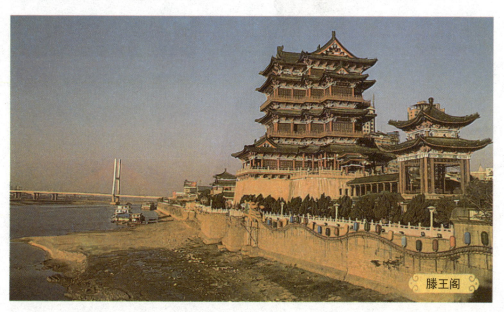

滕王阁

南昌古称豫章，唐朝改为洪州。唐朝上元二年（675年）秋天，王勃去交趾看望父亲，路过洪州时，正赶上洪州都督阎伯屿重修的滕王阁刚刚竣工，定于重阳日在滕王阁上大宴宾客，以示庆贺。

王勃前去拜见，阎都督知道他在文坛上很有名气，便邀请他参加了这次宴会。

阎伯屿这次大宴宾客，一是为了庆贺重修的滕王阁竣工，二是为了夸耀女婿吴子章的才学。这位阎都督事先让女婿准备好了一篇序文，想在席间当作即兴作品写出来，让大家观赏。

宴会刚刚开始，阎都督就让下人拿出纸笔，假意请来宾为这次盛会作序。大家明知阎都督的用意，所以都很谦虚地推辞。谁知，让到王勃面前时，这个只有二十五岁的小青年竟然接过纸笔，当众挥毫作序。阎都督很扫兴，于是拂袖而去，转到帐后，并叫人看王勃写些什么。

手下人报了开头两句："豫章故郡，洪都新府。"阎都督很不在意地说："不过是老生常谈。"接着，手下人又报说："星分翼轸，地接衡庐。"阎都督开始沉吟不语。随着手下人不断来报，阎都督逐渐点头微笑。当听到那句"落霞与孤鹜齐飞，秋水共长天一色"时，这位阎都督不由自主地站起来发出了惊叹："此子真天才也，当永垂不朽！"

这个故事并不夸张。

王勃作《滕王阁序》

这篇《滕王阁序》写得相当精彩，开头"豫章故郡，洪都新府。星分翼轸，地接衡庐。襟三江而带五湖，控蛮荆而引瓯越"，把滕王阁所处的地理位置描述得十分精准。

接下来，"物华天宝，龙光射牛斗之墟；人杰地灵，徐孺下陈蕃之榻"使用了两个典故，把"物华天宝、人杰地灵"的洪州推到了极致，难怪阎都督的态度会发生变化。

《滕王阁序》最精彩之笔是对万里长江自然景色的生动描述："落霞与孤鹜齐飞，秋水共长天一色。"

首先是动态美。晚霞是在往下"落"，而孤鹜是在往上"飞"。江水是流动的，不仅倒映出在空中移动的晚霞，还倒映出在空中飞翔的孤鹜。秋风吹来，涟漪泛起，不正是一幅流动着的美丽山水画吗？

其次是静态美。远处的秋水波澜不惊，碧蓝色的天空深远无限，在秋水和长天相接的地方，江水与天空已经完全混为了一色，真的是"秋水共长天一色"，呈现出无限的美丽、无限的宁静！

更加动人的是色彩的美。夕阳之下，深远宁静的天空呈现出宝石般湛蓝的颜色，绚烂的晚霞呈现着耀眼的玫瑰色的光彩。平静宽阔的秋水在碧空、晚霞的映衬下，泛起红、蓝、紫色的涟漪。而那只美丽的孤鹜在晚霞的映衬下，近乎形成了一个小小的倩影，点缀在宁静的天空。

难道还有比王勃笔下更美丽的长江景色吗？后世还有人能写出比这更加美丽的诗句吗？

《 一字千金传后世 》

王勃在滕王阁的酒宴上写下了千古名篇《滕王阁序》，但他并没放下笔，而是继续挥毫。有人说，王勃撰写的《滕王阁诗》，才是当年滕王阁上真正的点睛之笔。

据说，王勃故意在诗中空了一字，然后把序和诗呈现给都督阎伯屿，便起身告辞，飘然而去了。

王勃《滕王阁诗》全文如下：

滕王高阁临江渚，佩玉鸣鸾罢歌舞；画栋朝飞南浦云，珠帘暮卷西山雨。

闲云潭影日悠悠，物换星移几度秋；阁中帝子今何在？槛外长江□自流！

阎都督看了王勃的序和诗，正要发表溢美之词，突然发现诗文中少了一个字。

旁观的文人你一言我一语，开始猜测这空着的应该是个什么字。有人说可能是个"水"字，也有人说可能是个"独"字。阎都督听了都不太满意，认为不是作者的本意。于是，让人快马追赶王勃，请他把字补上。

那人追到王勃后，王勃的小书童对他说："我家公子有言，一字值千金。望阎都督海涵。"

那人把小书童的话转告了阎伯屿，阎伯屿很恼火："这分明是敲诈本官，可气！"又转念一想，"怎么能让这首诗空着一个字呢？还不如随他的愿，本官也落个礼贤下士的好名声。"于是，就让手下人备好纹银千两，亲自率领众人赶到了王勃的住处。

王勃接过银子假装很惊讶："何劳大人下问，晚生哪里敢空字？"大家听了觉得他是有意出难题，就问王勃："那诗中空着的地方是怎么回事？"王勃这才笑着说："空者，空也。阁中帝子今何在？"

原来空处是个"空"字，填上之后就成了"阁中帝子今何在？槛外长江空自流"。大家听后一致称妙，阎都督也意味深长地说道："一字千金，真不愧是当今奇才啊！"

其实《滕王阁诗》的故事只是个传说。但是，这《滕王阁序》和《滕王阁诗》确实是文坛上的千古名篇。

诗坛传奇骆宾王

在"初唐四杰"中，人们最熟悉的就要数骆宾王了。"鹅鹅鹅，曲项向天歌。白毛浮绿水，红掌拨清波。"传说，这首诗是骆宾王七岁时写的。现在的小娃娃们，还在牙牙学语的时候，就开始诵读骆宾王的这首《咏鹅》了。

骆宾王（约638—？），字观光，浙江义乌人。骆家世代书香，是当地名门望族，骆宾王出生时，家境虽然已经衰落，诗书传家的风尚却始终不减丝毫。

江南神童

骆宾王的祖父和父亲都是满腹经纶、学识渊博的才子，所以骆宾王从小就受到了良好的文化熏陶。

骆家人都对这个聪明好学的孩子充满了期望。可想而知，儿时的骆宾王写出那首著名的《咏鹅》时，祖孙三代是何等高兴！当代画家范曾先生的《咏鹅图》，就生动地再现了当时的情景。

骆宾王因才学出众先受到唐朝宗室李元庆的赏识，后来又得到吏部侍郎裴行俭的重用。唐高宗仪凤四年（679年），骆宾王当上了侍御史。但是，性格正直的骆宾王很快就成了官场倾轧的牺牲品。

《在狱咏蝉》

骆宾王入狱的罪名是"坐赃"，也就是贪污。这件事完全是诬陷，原因就是他恪尽职守，秉公执法，得罪了权贵。那些权贵认为，既然你这位侍御史秉公执法，那么就给你安上一个贪赃的罪名，让你也尝尝铁窗的滋味。

在狱中的骆宾王感到很痛心，并不是肉体上受到的折磨，而是对自己人格的侮辱。他遵从祖训，把刚直不阿、清白正直看得比什么都重要，现在却被人混淆是非，颠倒黑白，泼上了满身的污水，这让他的内心深处感到无比痛苦。

骆宾王的《在狱咏蝉》就是他当时痛苦心情的真实写照。

这首诗的角色转换非常有意思：

第一句，人和蝉是分开的。"西陆蝉声唱，南冠客思深。"深秋季节，蝉儿不停地鸣唱。狱中的我，陷入深深的沉思。

第二句，人和蝉相互映衬。"不堪玄鬓影，来对白头吟。"蝉儿那玄色的双翅映衬着我斑斑的白发，让人无法忍受而发出长叹。

第三句，以蝉比喻自己。"露重飞难进，风多响易沉。"沉重的露水，让蝉儿难以振翅高飞。肆虐的狂风，将蝉儿响亮的吟唱淹没。比喻自己在昏暗的官场中，无法施展才能。

第四句，作者与蝉儿合为一体。"无人信高洁，谁为表予心。"蝉儿已经变成了我，我虽然身居高树，啜饮清露，可是浊世昏昏，没有人相信我的冰清玉洁。我能向谁表白自己这廉洁的内心世界呢？

骆宾王的冤屈，始终没有平反。直到683年皇帝大赦天下，他才被释放出狱，并降为临海县丞，这让他的人生再一次出现了大转折。

《讨武曌檄》

683年腊月，唐高宗李治病死，朝中大权落到武则天手中。不久，武则天把中宗李显废为庐陵王，幽禁起来，另立小儿子李旦当了皇帝，

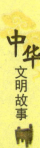

号睿宗，并大肆诛杀李唐宗室。

684年，唐朝开国元勋徐世勣的长孙徐敬业联络骆宾王、唐之奇等人起兵征讨武则天，骆宾王亲自撰写了著名的《讨武曌檄》。武曌是武则天的名字，这个"曌"字，表示日月同辉，是武则天造的字。

这篇檄文把武则天骂了个狗血淋头，骂她残害忠良，骂她虺蜴心肠，豺狼成性。最后直接点出了武则天包藏祸心，企图篡夺李唐天下的阴谋。

这篇檄文的最高潮是对徐敬业大军气势的夸耀："班声动而北风起，剑气冲而南斗平。喑呜则山岳崩颓，叱咤则风云变色。以此制敌，何敌不摧？以此图功，何功不克？"

据说，爱惜人才的武则天看完了这篇檄文，立即询问身边的近臣："这是谁写的？"有人回答说："是骆宾王。"武则天说了一句十分经典的话："让这样的人才流落到叛军中，是宰相之过也！"

武则天惜才

《 真诚的怀念 》

徐敬业和骆宾王的军事行动很快就在武则天的镇压之下失败了，兵败之后的骆宾王下场如何呢？有许多说法。

《旧唐书·骆宾王传》和《资治通鉴》上都认为，徐敬业和骆宾王二人"兵败被杀"。可是，唐玄宗时，文人张鷟在《朝野佥载》中却说骆宾王兵败后"投江水而死"。《新唐书·骆宾王传》中干脆说骆宾王"兵败逃亡"。越传越玄，最后竟然出现了骆宾王在灵隐寺出家为僧的说法。

故事出自唐人孟棨的《本事诗》。传说，扬州兵败若干年后，诗人宋之问被贬江南，夜游灵隐寺。

那夜，月光如水，十分幽静，宋之问诗兴大发，随口吟出两句诗："鹫岭郁岧峣，龙宫锁寂寥。"但是，他反复吟诵，却怎么也续不上后两句了。这时，僧房中有一老僧正在禅床上打坐，听见宋之问续不出下句了，就代他续了后两句："楼观沧海日，门听浙江潮。"宋之问大喜。

宋之问反复吟诵这首诗，觉得老僧续的这两句诗实在不同凡响。第二天一大早，宋之问就赶到僧房拜访，但老和尚早已不见踪影了。询问寺僧，才知道续诗的竟是大名鼎鼎的骆宾王。由于孟棨的《本事诗》流传很广，所以人们都相信这件事是真的。

其实，这个传说并不可信。第一，宋之问与骆宾王是相识的，尽管已经多年未见，也不会认不出来；第二，这时候武则天早已死去，朝廷已经为骆宾王恢复了名誉，如果他真的还在人世，肯定会轰动朝野。因此，这只不过是人们的美好愿望而已。

这美好的心愿，不正是对骆宾王最真诚的怀念吗？

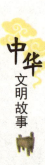

杨炯与卢照邻

有件事说起来十分有趣，文坛上很早就有人为"初唐四杰"的排序大伤脑筋了，也许，这都是杜甫的那句"王杨卢骆当时体"惹出来的麻烦吧！

《 "四杰" 排座次 》

"初唐四杰"排位的事儿，很早就有说法了。据《旧唐书·杨炯传》记载：杨炯与王勃、卢照邻、骆宾王在文坛上齐名，海内称为"王杨卢骆"，号称"初唐四杰"。据传，杨炯听说后，曾经对人说："我愧在卢前，耻居王后。"卢照邻听说后却说："我喜居王后，愧在骆前。"

其实，历史上很可能根本就没有出现过"初唐四杰"计较排序这件事。

《 杨炯边塞诗 》

杨炯，才华出众，诗和文章都很出色。杨炯对王勃的评价非常高，王勃去世后，杨炯收集了王勃生前的诗文，编辑成册，并亲自撰写了著名的《王子安集序》。

杨炯在《王子安集序》中，高度评价了王勃在改革六朝奢靡文风时所作的贡献，他真心称赞王勃："思革其弊，用光志业。"杨炯对王勃评价这么高，怎么可能对世人把自己排在王勃之后斤斤计较呢？

杨炯的诗和文章都写得很好，

杨炯像

和王勃并列确实当之无愧。杨炯的边塞诗写得尤其出色，流传最广的就是那首脍炙人口的《从军行》。全诗如下：

烽火照西京，心中自不平。牙璋辞凤阙，铁骑绕龙城。

雪暗凋旗画，风多杂鼓声。宁为百夫长，胜作一书生。

这首诗，以古乐府的《从军行》为题，描写出了一个投笔从戎、前往边塞杀敌报国的读书士子形象。

开头，"烽火照西京，心中自不平。"形象地写出了边境的形势和作者的爱国激情。"烽火"是古代传递紧急军情的信号，一个"照"字渲染出了紧张的战争气氛。"牙璋辞凤阙，铁骑绕龙城。"生动地描述了唐朝军队的整肃军容和将士们的神勇。

接着，"雪暗凋旗画，风多杂鼓声。"生动、形象地描述了战斗的场景。两军开始交战，漫天大雪，遮天蔽日，连军旗上的彩绘标志都显得有些颜色发暗，呼啸的狂风与隆隆的鼓声交织在一起。将士们顶着狂风，冒着大雪，在旌旗的指引下和战鼓的激励下，奋勇杀敌。

最后两句"宁为百夫长，胜作一书生"。诗人直白地抒发了自己内心深处的爱国激情，宁愿做一名小小的百夫长在战场上奋勇杀敌，也不愿意做一个埋头翰墨的书生。

全诗只用了四十个字，就形象生动地描述了敌情的紧急、大军出征的阵容、战场杀敌的激烈场景和诗人自己的爱国激情。这首诗写得生动鲜活，声情并茂，确实让人有身临其境之感。

《 卢照邻 》

按照杜甫的排序，"初唐四杰"之中排在杨炯后面的是卢照邻。

卢照邻，幽州范阳（今河北涿州）人，曾拜孙思邈为师，并追随左右。孙思邈的许多事迹，都是通过卢照邻的记载而流传下来的。

卢照邻很早就入朝当官了。后来，因为生重病退职，他才拜孙思邈为师。孙思邈死后，卢照邻与亲友道别后投颍水自杀了。许多人认为，卢照邻是为了追随他的老师才仙去的。

卢照邻的五言诗和七言诗都很出色，尤其是七言诗，深受唐人追捧，连李白、杜甫都深受他的影响。卢照邻的名篇《长安古意》，被看作是初唐七言长诗中的极品。

卢照邻

"得成比目何辞死，愿作鸳鸯不羡仙。"这两句流传最广，被认为是歌颂青年男女真挚爱情的千古名句。有学者甚至认为，仅《长安古意》这一首诗，就足以让卢照邻名列"初唐四杰"之首了。

卢照邻的边塞诗也写得很好，有一首《战城南》尤其有气势，全诗如下：

> 将军出紫塞，冒顿在乌贪。
>
> 笳喧雁门北，阵翼龙城南。
>
> 雕弓夜宛转，铁骑晓参驔。
>
> 应须驻白日，为待战方酣。

杨炯、卢照邻的诗都流传很广，《全唐诗》中收集他们二人的诗都有几十首。后人还专门编辑了《卢照邻集》和《杨炯集》，把他们二人优秀的诗歌作品汇集到了一起，供人欣赏。

诗圣映群星

诗仙

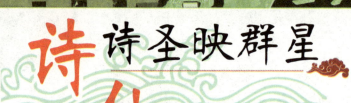

唐朝三百年间，诗坛人才辈出，群星闪耀。在"初唐四杰"之后，又出现了李白、杜甫、孟浩然、岑参、高适、王昌龄、王维、李贺、王之涣、李商隐、杜牧、白居易……其中李白和杜甫的出现，把唐朝诗歌推向了顶峰。

中华
文明
故事

潇洒飘逸李谪仙

李白（701—762年），字太白，号青莲居士，是唐朝最伟大的浪漫主义诗人。李白的诗豪气纵横，潇洒飘逸；意境深远，浪漫非凡。在唐朝众多的诗人中，只有他的诗最具唐朝盛世的风采，因此被后世尊为"诗仙"。

李白的诗，生动地描绘了祖国的壮丽河山，烟波浩渺的洞庭，江水激荡的三峡，险峻难行的蜀道，都如同画卷一样展现在读者的面前。

李白的诗意境深远，他把热爱祖国的情怀、报效苍生的志向、藐视权贵的傲骨交织在一起，形成了一种特有的意境。

唐朝诗坛人才辈出，只有李白的诗，潇洒飘逸无人能及。也只有李白的诗，隐隐透出唐朝皇室的宏大气派。这是别人无法模仿的，也是中国古代诗坛上任何一位诗人都无法与之相比的。

《神秘的身世》

李白的出生地至今仍然是一个谜。虽经史学家们考证，李白出生在中亚的碎叶城（今吉尔吉斯斯坦托克马克附近），但是也有人认为李白出生在四川的绵州（今绵阳）青莲乡，至今尚无定论。

美酒千金裘

从李白的诗中可以看出他的家境十分富裕："五花马，千金裘，呼儿将出换美酒，与尔同销万古愁。"

"五花马，千金裘"相当于今天的高档轿车、水獭皮大衣，是常人不可能拥有的。

李白当过三年翰林供奉，其他时间都在四处游荡。

〖 坎坷的仕途 〗

李白一生，仕途坎坷，这从李白的诗和文章中都能看得出来。为什么会如此呢？很可能与他的神秘家世相关。

李白文武全才，不仅诗写得好，而且精通剑术。他在《留别广陵诸公》中回忆自己的年轻时代："忆昔作少年，结交赵与燕。金羁络骏马，锦带横龙泉。"

李白剑术高超，文武双全，确实是一位与西晋司空刘越石相似的少年才俊，可惜朝廷不予重用。李白25岁出蜀，始终与仕途无缘。直到天宝元年（742年），已经41岁的李白才被唐玄宗召到宫中。但是好景不长，李白在朝中只当了三年翰林供奉，就辞职了。

传说，李白离开朝廷是因为得罪了权贵，其实这并不是主要原因。唐玄宗看重的是李白的诗文，而不是李白的治国能力，翰林供奉不过是皇帝身边的一个文学侍从而已。

李白的工作很轻松，唐玄宗和杨贵妃饮酒赏花、寻欢作乐的时候，把他招来作几首新诗，谱上曲调，让宫娥彩女们唱唱而已。

由于唐玄宗并不打算真的重用李白，因此李白的政治抱负也得不到施展。心高气傲的李白怎么甘心永远做一个文学侍从呢？辞职是必然的。

杜甫在《饮中八仙歌》中这样描述李白："李白斗酒诗百篇，长安

市上酒家眠。天子呼来不上船，自称臣是酒中仙。"可见，李白并没有把这个文学侍从当回事。

《 潇洒的性格 》

李白由于得罪过朝中权贵，最终辞官出京，重出江湖，可能是他个人仕途的不幸，却是唐朝诗坛的大幸。李白要是一直在宫中，我们就永远读不到他那潇洒飘逸的诗篇了！

李白出京不久所作的《梦游天姥吟留别》，让我们清晰地看到，诗人已经完全摆脱了御用侍从的心态，走入了新的境界，走向了新的人生，走向了自然，走向了艺术，完成了从诗人到"诗仙"的转变。

诗的开头，李白用夸张的词句描述了天姥山的巍峨险峻。在李白笔下，天姥山超越五岳，高过天台，十分壮观："天姥连天向天横，势拔五岳掩赤城。天台四万八千丈，对此欲倒东南倾。"

中间部分，诗人梦中飞度镜湖，来到美丽的剡溪，寻访南朝诗人谢灵运的故居，欣赏渌水荡漾的江南美景。"我欲因之梦吴越，一夜飞度镜湖月。湖月照我影，送我至剡溪。谢公宿处今尚在，渌水荡漾清猿啼。"

接着，李白笔锋一转，道出了内心的真实感受："列缺霹雳，丘峦崩摧……忽魂悸以魄动，恍惊起而长嗟。惟觉时之枕席，失向来之烟霞。"

闪电划破长空，惊雷发出巨响，山

仗剑出蜀图

丘峰峦突然崩塌。诗人从梦中惊醒了，那曾经有过的美丽烟霞，已经无影无踪了，诗人重新回到了现实之中，回归了大自然。

在全诗的结尾，这位从人生的梦幻中惊醒的诗人，从心底发出了响亮的呼声："安能摧眉折腰事权贵，使我不得开心颜！"

《 飘逸的诗风 》

李白尤其擅长描写自然景色，李白对蜀道的描述、对庐山的描述、对江南水乡的描述都壮美无比。然而，最出色的还是对长江景色的赞颂。

在李白描述长江景色的诗中，有两首是同他的一生密切相关的，这两首诗就是《望天门山》和《早发白帝城》。

《望天门山》是李白25岁立志报国、仗剑出蜀时所作，而《早发白帝城》是李白58岁在巫山遇赦、乘船还乡时所作。

李白一生的传奇故事都发生在写这两首诗的中间。

在写《望天门山》时，李白只有25岁，精通剑术，满腹才学，怀着满腔的爱国情怀乘船出蜀，准备干一番大事业。

这首诗意境深远，气魄豪迈。万里长江烟波浩渺，孤帆远影青山如画，不正是年轻的诗人仗剑东行、立志报国的壮阔胸怀的真实写照吗？

诗的前两句"天门中断楚江开，碧水东流至此回"，写诗人仗剑出蜀、经三峡乘船东行的景色。绵亘在面前的天门山仿佛被奔腾浩荡的江水冲成两半，打开了天然的门径，汹涌澎湃的江水从中奔流而出。江水在冲开天门山的时候，被山势所阻，碧玉般的江水在这里形成了回流的漩涡。

诗的后两句"两岸青山相对出，孤帆一片日边来"，写诗人乘船前行，天门山夹江耸立，两岸的青山不断地变幻着，涌现在眼前，给人一

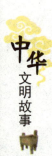
中华
文明
故事

种扑面而来的感觉。而乘一叶小舟顺流而下，沐浴着阳光，仿佛是从天边驶来，表明诗人深信自己的前途是无限光明的。

在写《早发白帝城》时，李白已经58岁了。是在"安史之乱"的第二年，李白出山辅佐永王李璘。但是，由于唐肃宗认定永王李璘起兵是谋反，李白几乎被处以极刑。最后虽然保住了性命，却被判流放夜郎。

李白流放夜郎，船到巫峡，突然遇到大赦。这首《早发白帝城》正是诗人在白帝城接到赦令后，掉转船头返回家乡时所作。

诗的前两句"朝辞白帝彩云间，千里江陵一日还"，写的是清晨朝霞满天，白帝城彩云缭绕，此时乘船回家，心情实在好极了。千里之遥的江陵，顺流而下，一天就可以到了，充分表明了诗人想念亲人的迫切心情。

诗的后两句"两岸猿声啼不住，轻舟已过万重山"，写的是小船从白帝城出发，沿三峡奔腾的江水顺流而下，飞速地行驶着。两岸猿猴的啼叫声还在耳边回荡，轻快的小船已经驶过了连绵不断的万重群山。

此时的李白，恨不能立即插翅飞回亲人的身旁，所以这首诗写得优美、欢快，清新、明亮，既写出了三峡汹涌的水势、小船飞驶的迅捷，也写出了诗人如朝霞般的美好心情。李白的这首诗，没有半点失意和沮丧，完全不像暮年老翁的思乡之作，仍然有当年仗剑出蜀、立志报国时的壮志豪情。

《 美好的爱情 》

李白的一生虽历尽坎坷，但又丰富多彩。也许，最令诗人欣慰的是他一生收获的美好爱情。

李白有过四次婚姻，其中第一、第四两段婚姻被人熟知。

他25岁出蜀，不久就迎娶了唐朝退休宰相许圉师的孙女。为了实现远大的抱负，四处游荡的李白没有带着许氏。但是，他们的感情一直都很好。许氏为李白生了一子一女，不幸的是，738年，许氏就去世了。

744年，已经年过四十的李白再次收获了真挚的爱情——迎娶了退休宰相宗楚客的孙女。

李白《梁园吟》

传说，有一天李白醉酒于梁园，诗兴大发，挥笔在墙上写下那首著名的《梁园吟》，然后就飘然而去了。李白走后，退休宰相宗楚客的小孙女来到梁园，看见了李白的诗，久久不能释怀。当时，梁园的人正准备擦掉墙上的诗，这位相府千金花重金买下了这面墙。这就是传说中"千金买壁"的佳话。

宗氏是才貌双全的大家闺秀，李白下狱后就是宗氏利用娘家的关系多方施救，才保李白改判流放夜郎的。

李白在巫峡遇赦，恨不得立即回到家中，宽慰自己的爱妻，这才有了那首著名的《早发白帝城》。后来，宗氏因信奉道教，在庐山出家了。李白非常理解妻子，因为他也是道教信徒，他在送别诗中还表达了发自内心的赞颂。

李白于762年病逝于长江岸边当涂县的采石矶。

杜甫和李白是好朋友，他们诗风各异，李白的诗潇洒飘逸，充满了浪漫主义色彩。杜甫的诗淡雅平实，彰显着现实主义风格。也许，这才是李白被尊为"诗仙"，而杜甫被尊为"诗圣"的真正原因。

《 历经坎坷的仕途 》

杜甫（712—770年），字子美，出生于河南巩县（今巩义市）。因为他自号"少陵野老"，所以后人称他为"杜少陵"。杜甫晚年还当过一段时间的检校工部员外郎，所以，也有人称他"杜工部"。其实，工部员外郎只是个闲职。

杜甫也同李白一样，空有满腔报国志，却仕途坎坷。

杜甫25岁首次参加科举考试，没考上，30岁那年再次尝试，依旧铩羽而归。直到755年，已经43岁的杜甫才当上了一个看守甲仗兵器的

杜甫的诗充满了对贫苦百姓的同情，对国家命运的担忧。由于杜甫的诗记述了唐朝由盛转衰的全过程，因此后人称他的诗为"诗史"，他也被后人尊称为"诗圣"。

杜甫像

小官吏。

"安史之乱"爆发，潼关失守，杜甫把家人安置好，独自一人投奔了唐肃宗。他先在肃宗朝中任左拾遗，不久，就因忠言直谏被贬为华州司功参军，著名的"三吏"和"三别"就是在那时写的。

不久，官军大败，杜甫只好携家人逃难到成都，投奔了好友严武。严武当时担任剑南节度使，所以杜甫也当上了剑南节度府参谋、校检工部员外郎。可惜好景不长，765年严武因病去世，杜甫重新开始了漂泊四方的生活。770年，杜甫病死在湘江的一条小船上，年仅58岁。

《 流传千古的诗史 》

杜甫出身书香门第，祖父杜审言是初唐的著名诗人，所以，杜甫曾经很有底气地说："诗，是我的家事。"但是，杜甫与李白不同，李白在世时就已经名满天下了，而杜甫的名气在唐朝要比李白低得多，只有6名唐朝诗人在11首诗中提到过他。

杜甫的诗从宋朝开始才受到推崇，以后地位越来越高，直到成为和李白齐名的"诗圣"。所以，有人说杜甫是中国文学史上唯一一位影响力随着时间推移不断增强的诗人。

几乎每个人都读过杜甫在成都草堂闲居时写的那首《绝句》："两个黄鹂鸣翠柳，一行白鹭上青天。窗含西岭千秋雪，门泊东吴万里船。"动景和静景生动鲜明，远景和近景转换自如，构成了一幅绚丽多彩、动静相间的优美画卷，确实是唐诗中写景的绝佳之作。

然而，这类诗不是杜诗的主流。杜诗的主流是忧国忧民和以天下为己任的现实主义作品，其中最著名的就是"三吏"和"三别"。在杜甫的"三别"中，最感人肺腑的是《新婚别》。这首诗描写了婚后新娘送新郎上战场时倾吐的肺腑之言，深切真挚，催人泪下。全诗分为三段，

中华
文明故事

三个层次。一段比一段悲，一层比一层深。

第一段，新娘子向新郎诉说自己的不幸命运。开头是"菟丝附蓬麻，引蔓故不长"，语气吞吞吐吐，略含羞涩。接下来"嫁女与征夫，不如弃路旁。结发为君妻，席不暖君床。暮婚晨告别，无乃太匆忙。"已经没有新娘的羞涩，直白地道出了自己嫁与征夫的不幸和新婚离别的无限悲伤。我与你结为夫妻，晚上草草成婚，天亮就匆匆分别，连婚床都没有睡暖，这婚期太短暂了。

第二段，表达的是新婚妻子对丈夫的无比忠贞和无限关切："君今往死地，沉痛迫中肠。"新婚之际，丈夫却要走上那九死一生的战场，实在让新娘子悲伤得柔肠寸断，夫妻生死离别的痛苦心情跃然纸上。

第三段，是全诗的高潮。"罗襦不复施，对君洗红妆。仰视百鸟飞，大小必双翔。人事多错迕，与君永相望。"新娘已经从悲痛之中挣扎出来，一方面鼓励丈夫英勇杀敌，另一方面也表示了自己对丈夫生死不渝的爱情。脱下结婚穿的美丽衣裳，洗去脸上搽的脂粉，无论出现什么样的艰难困苦，都永远盼望着丈夫凯旋。

杜甫没有这样的生活经历，也不可能去偷听新娘和新郎婚后离别时的私房话，但是，这首《新婚别》运用了大胆而浪漫的艺术构思，歌颂了唐朝军民保家爱国的精神风貌。

群星璀璨的夜空

唐朝的诗坛，是一片群星璀璨的夜空，不仅有王杨卢骆、李白杜甫，还有许多各具特色的一流诗人。晚唐光州刺史薛用弱在《集异记》中记载的"旗亭画壁"的故事，就是唐朝盛世诗坛上的一个小插曲。

唐朝的诗坛，是群星璀璨的夜空，李白、杜甫之外还有许多名传后世的大诗人。王昌龄、高适、王之涣的边塞诗，王维、孟浩然的田园诗和被后人称为"小李杜"的李商隐、杜牧，都对后世产生了重大影响。

《 旗亭画壁的故事 》

据说，唐朝开元年间诗人王昌龄、高适、王之涣三位诗人齐名。有一天，天寒微雪，三个诗人一起到旗亭喝酒。

忽然来了一群梨园的歌女登楼宴饮，其中有四位歌女最年轻貌美。过了一会儿，开始奏乐了。王昌龄就对两个同伴说："我们的诗虽然都小有名气，但是不知道谁先谁后。今天，咱们可以听听歌女们唱歌，唱谁的诗最多，谁就为优胜者，怎么样？"

这时，第一位歌女开始唱了："寒雨连江夜入吴，平明送客楚山孤。洛阳亲友如相问，一片冰心在玉壶。"唱的是王昌龄的《芙蓉楼送辛渐》。于是，王昌龄就在墙壁上画了一道，记了下来。

轮到第二位歌女唱了，她开口唱道："开箧泪沾臆，见君前日书。夜台何寂寞，犹是子云居。"唱的是高适的《哭单父梁九少府》。于是，高适也在墙上画了一道，记了下来。

接着，第三位歌女唱道："奉帚平明金殿开，且将团扇共徘徊。玉颜不及寒鸦色，犹带昭阳日影来。"唱的正是王昌龄的《长信秋词》。于是，王昌龄又在墙壁上画了一道，并且说道："两首绝句了。"

王之涣很不服气，就对两个同伴说道："这几个唱歌的都不是高雅之人，只能唱'下里巴人'，怎么敢唱'阳春白雪'？你们看其中最美丽的那位歌女，如果她不唱我的诗，我终生不敢和你们争高低。如果她唱我的诗，你们俩拜我为师如何？"

过了一会儿，终于轮到那位最美丽典雅的歌女唱了："黄河远上白云间，一片孤城万仞山。羌笛何须怨杨柳，春风不度玉门关。"正是王之涣那首著名的《凉州词》。

王之涣嘲笑两个同伴："你们瞧，我没有胡说吧。"三位诗人大笑不止。

《 后人的评价 》

后人对唐朝诗人的评价也是仁者见仁，智者见智。早在宋代就有人"扬李抑杜"，也有人"扬杜抑李"。因此，谁先谁后，难有定论。

在"扬杜抑李"的人中，最典型的是北宋大文学家王安石。因为李白的诗少有政治色彩，所以他认为李白的诗最没品位。他有言"白识见污下，十首九说妇人与酒"。而"扬李抑杜"的人却认为杜甫的诗是"村夫语"，文学水平和艺术境界与李白比起来相差太远。

李杜之外，唐朝还有许多一流的诗人。他们不仅名气很大，后人对他们的看法也大体一致，并没有什么争议。

例如，王维和孟浩然，二人都是著名的田园诗人。尤其是王维，边塞诗、田园诗都写得非常出色，画技也很高超。苏轼评价他"诗中有画，画中有诗"，号称诗画双绝。

王维的那首著名的《使至塞上》中"大漠孤烟直，长河落日圆"，至今被誉为描写大漠景色的千古名句。

高适、岑参、王昌龄、王之涣都是唐朝著名的边塞诗人，写过许多优秀的边塞诗。在唐朝，他们的名气比杜甫都要高，从没有人对他们提出过批评。王昌龄的《从军行》写得非常优美："青海长云暗雪山，孤城遥望玉门关。黄沙百战穿金甲，不破楼兰终不还。"

韩柳 名篇天下传

后人把唐朝的韩愈、柳宗元与北宋的欧阳修、苏洵、苏轼、苏辙、王安石、曾巩放在一起，合称为"唐宋八大家"，认为他们是中国历史上八位最杰出的散文大家。

古人把"韩柳"放在最前面，不仅是因为唐朝在宋朝之前，还因为韩愈和柳宗元在唐朝中叶发起过一场文学史上最重要的"古文运动"。

隋唐初期流行的是骈（pián）文，骈文是"四个字"或"六个字"一句，所以也被称为"四六文"。骈文形成于魏晋，盛行于南北朝，王勃的《滕王阁序》就是骈文。由于骈文受到句式的严格限制，所以很少有人能写出像王勃那么好的《滕王阁序》。

韩愈、柳宗元最先突破了骈文四六句句式的束缚，主张文章的句子可长可短，反对写内容不重要、空洞无物的无聊文章，这场"古文运动"对文坛产生了深远的影响。

韩昌黎诗文并重

韩愈（768—824年），字退之，河阳（今河南孟州南）人。他自称祖籍是河北昌黎，所以人们也称他"韩昌黎"。

韩愈是唐朝杰出的文学家、政治家和诗人，是中唐时期"古文运动"的发起人之一。因此，北宋大文豪苏东坡在《潮州韩文公庙碑》中盛赞他："文起八代之衰，而道济天下之溺。"

《 坎坷的仕途 》

韩愈幼年时很不幸，3岁就失去了父亲，由哥哥韩会抚养成人。后来，哥哥死了，嫂嫂郑氏带他回到河阳。韩愈20岁开始到长安应试，考了三次都没有考中。

唐朝贞元八年（792年），韩愈第四次应试终于考中了进士。贞元十六年（800年）冬天，韩愈通过吏部的考试，在外地做了一个小官，这时他已经31岁了。

唐朝元和元年（806年）六月，韩愈被召回长安，担任国子监博士。元和十二年（817年），韩愈因为协助宰相裴度平定淮西有功，升为刑部侍郎（相当于现在的公安部副部长）。

韩愈像

唐朝元和十四年（819年），唐宪宗派使者去凤翔迎佛骨入京，全国掀起信佛狂潮。韩愈站在儒家立场上，坚决反对皇帝信奉佛教，写下了著名的《论佛骨表》。唐宪宗大怒，差点儿把他处以极刑，多亏宰相裴度和朝中大臣竭力说情，才免去一死，但最终被贬为潮州刺史。

他到潮州还没满一年，唐宪宗就死了。新皇帝一登基，韩愈就被调回朝中，当上了国子监祭酒（相当于现在的教育部长）。这对韩愈来说，真是柳暗花明啊。

长庆三年（823年），韩愈被晋升为京兆尹兼御史大夫，达到了仕途的顶点。不幸的是，第二年他就去世了。

《 热心教育事业 》

韩愈在广东潮州当了八个月刺史，他在那儿兴修水利，排涝灌溉，释放奴隶，移风易俗，做了许多好事。他还创建乡学，发展教育，潮州很快就成了著名的礼仪之城和文化名城。

韩愈学习十分刻苦，"书山有路勤为径，学海无涯苦作舟"就是他努力学习的心得体会，至今仍然是鼓励人们刻苦学习的名言。

今天，许多学校的墙上都写着韩愈的治学名言："业精于勤，荒于嬉；行成于思，毁于随。"意思是学业的精通在于勤奋，荒废在于贪玩；成功在于深思熟虑，毁败在于放松自己。这句话对我们今天做人、做事、做学问，都有着非常重要的启迪意义。

《 诗歌创作 》

韩愈不仅是古文运动的倡导者，在诗歌创作方面也很有贡献。韩愈的诗继承了杜甫的诗风，反映了当时的社会现实，因此，是中唐诗坛上的重要诗人。

韩愈的《左迁至蓝关示侄孙湘》最有名。传说，韩愈的侄孙韩湘就是"八仙"中的韩湘子。这首诗是韩愈被贬潮州时，走到蓝田关遇到侄孙韩湘，专门为他写的。

关于韩愈的这首诗，还有个流传很广的小故事呢。

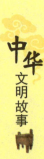

中华
文明
故事

传说，韩愈对韩湘不求仕进、潜心修道很不赞同。

这天，韩愈过生日，亲朋好友都登门祝贺，韩湘子也来了，并向韩愈祝寿。

韩愈问韩湘子："你多年游历在外，也不知学问有没有长进，作一首诗表达一下你的志向吧。"

韩湘子吟诗一首："解造逡巡酒，能开顷刻花。有人能学我，同共看仙葩。"

因为诗中有修炼成仙的意思，韩愈听了很不高兴，就对他说："你如果真有夺天地造化的本事，就来一个'造酒开花'，让我们大家看看。"

八仙中的韩湘子

韩湘子搬来了一个大酒樽，先用金盆盖住。过了一会儿，打开酒樽一看，美酒已经酿成了。韩湘子又拿出一只花盆，放上土，种下种子，过了一会儿就开出了美丽的花朵。这花与牡丹一般大小，但颜色比牡丹还美。花上写着两行金字："云横秦岭家何在？雪拥蓝关马不前。"韩愈不明白这两句诗是什么意思，就问韩湘子。韩湘子回答说："天机不可泄漏，日后自会应验。"

《 蓝关映雪 》

传说，韩愈因"谏迎佛骨"被贬潮州。走到秦岭的蓝关时，寒风骤起，大雪纷飞。路上雪深数尺，马都没法行走了，附近又不见一户人家，真不知道路在何方。

这时风刮得很紧，雪也下得更大了。正在绝望的时候，有一个人冒

左迁至蓝关示侄孙湘

韩愈

一封朝奏九重天， 夕贬潮阳路八千。
欲为圣明除弊事， 肯将衰朽惜残年！
云横秦岭家何在？ 雪拥蓝关马不前。
知汝远来应有意， 好收吾骨瘴江边。

韩愈上书图

着严寒，扫雪而来。韩愈仔细一看，正是自己的侄孙韩湘子。

韩湘子问韩愈："您还记得您过生日那天花上的诗句吗？"

韩愈说："记得啊！"

韩湘子接着说道："这里便是蓝关。"

韩愈口中吟着当年过生日时花上的那两句诗："云横秦岭家何在？雪拥蓝关马不前。"

叹息良久之后，韩愈才对韩湘子说："事物自有定数，我为你补齐那花上的诗句吧。"于是，就留下了这首流传千古的名诗《左迁至蓝关示侄孙湘》。

这个带有神话色彩的小故事只不过是个传说，真实情况比这凄惨得多。据韩愈自己记述，他获罪后，连累家人也成了"罪人家属"。皇帝下令让他全家立即动身，不许留在京城。当时，韩愈12岁的女儿韩挐（rú）正在生病，起不了床，但是仍然不能赦免。由于路途劳顿，饮食失调，这个12岁的小姑娘悲惨地死在了流放途中。

诗的前半段"一封朝奏九重天，夕贬潮阳路八千。欲为圣明除弊事，肯将衰朽惜残年"，说明了事情的起因。早朝上的奏章，晚上就被贬潮州了。可是为了皇家的大事，哪里还顾得上吝惜自己的残年性命呢。

诗的后半段"云横秦岭家何在？雪拥蓝关马不前。知汝远来应有意，好收吾骨瘴江边"写出了诗人困窘的处境。面对阴云笼罩的秦岭，家在何处？在大雪封堵的蓝田关外，连马儿都不肯往前走了。我知道你远道而来的心意，正好在瘴江边上收殓我的尸骨吧。

《张中丞传后叙》

韩愈的文章比诗写得好，其中《张中丞传后叙》和《柳子厚墓志铭》流传最广，对后世文坛产生了深远的影响。

韩愈的《张中丞传后叙》写得声情并茂，以生动感人的笔调再现了张巡、许远、南霁云等英雄人物的光辉形象，描述了张巡、许远坚守睢阳，为平定"安史之乱"立下的重大功绩。

其中，对张巡手下勇将南霁云泗州求援的事迹描述得最为精彩。南霁云奉命杀出重围向驻守泗州的贺兰进明求救。贺兰进明嫉妒张巡、许远的声威和功绩，不肯出兵相救。但是，他看中了南霁云的忠诚和勇敢，想挽留他为自己所用。

贺兰进明为南霁云备办了酒食和音乐，请他入席。南霁云义愤填膺地说："我来的时候，睢阳人已经一个多月没东西吃了，我虽然很想吃饭，可是没法下咽！"说着，他拔出佩剑，砍断了一根手指，鲜血淋漓地拿给贺兰进明看，在座的人全都感动得流下了眼泪。

南霁云知道贺兰进明没有出兵相救的意思，于是上马离去。将要出城的时候，他抽出一支箭射向寺庙的佛塔，并且发誓："吾归破贼，必灭贺兰，此矢所以志也！"韩愈记述说，那支箭射进佛塔的砖面有半箭之深。贞元年间，韩愈去泗州时，同船的人还指点着南霁云射箭的地方向他诉说呢。

柳宗元所写的寓言生动传神，充满了人生哲理。

柳宗元像

柳宗元（773—819年），字子厚，同王勃一样，也是河东（今山西运城）人。柳宗元是唐朝杰出的诗人、文学家、哲学家、思想家和政治家。

柳宗元在哲学思想上更接近原始的孔孟之道，在政治生活中积极参与王叔文集团的政治改革。因此，柳宗元的道德文章、哲学思想都远在韩愈之上。

《 坎坷的人生之路 》

柳宗元出身名门，在"柳、薛、裴"河东三大姓中，柳家排名第一。早在南北朝时期，柳家就出过多位高官显宦。柳宗元的母亲也是名门闺秀——范阳卢氏女，这在当时是最高贵的门第。

柳宗元很小就显示出了过人的才华，唐朝贞元九年（793年），年仅20岁的柳宗元就考中了进士，25岁就已经当上了朝廷的官员。

柳宗元官位上升的时候，唐朝已经走下坡路了。朝廷中政治腐败，宦官专权。地方上藩镇割据，各自为政，国家政权已经岌岌可危。

唐朝永贞元年（805年），刚刚上台的唐顺宗李诵，决心任用自己东宫时的旧臣王叔文、王伾对弊政进行改革。柳宗元、刘禹锡等刚正忠直之臣，对朝中政治的黑暗、腐败深为痛恨，因此，两个人都加入了王叔文的改革集团，形成了永贞革新的核心——"二王刘柳"。

不幸的是，革新失败，王叔文被杀，王伾被贬后病死，柳宗元和刘禹锡等八人也被贬到偏远的州郡当地方官，这就是著名的"二王八司马事件"。

《 崇高的品德 》

永贞革新虽然只推进了半年就失败了，但是这次革新仍然打击了专横跋扈的宦官和藩镇割据势力，利国利民，顺应了历史的发展。年仅32岁的柳宗元在这场革新中站到了斗争的最前列，为后世留下了一个光彩照人的英雄形象。

保守派对革新派的迫害并没有停止。815年，被流放永州十年的柳宗元又被任命到偏远的柳州做刺史。他的好朋友，永贞革新的战友刘禹锡（字梦得）则被任命为播州刺史。

韩愈撰写的《柳子厚墓志铭》中是这样记载的——任命下达后，柳宗元流着眼泪说："播州荒僻，不是常人能住的地方，梦得（刘禹锡）有老母在堂，实在不忍心看着梦得陷入这样的困境，他怎么对自己的老母亲说呢？"于是，柳宗元请求朝廷批准他和刘禹锡交换任职地点，并且表示，即使因此再度获罪，也死而无憾。

这时候，正巧有人把刘禹锡的困境告诉了皇帝，于是，刘禹锡被改任连州刺史。韩愈是一个保守派，对革新派不满。但是，柳宗元的品格却深深地感动了他，所以，他在《柳子厚墓志铭》中称赞柳宗元："呜呼！只有到了穷困的处境，才看得出士人的节操和义气啊！"

《 宣扬民本思想 》

柳宗元被贬永州整整十年，这十年是柳宗元人生的转折。在京城时，柳宗元直接参与了政治革新。而在永州的十年间，柳宗元用一支笔，在哲学、政治、历史、文学等方面都作出了重大贡献。

柳宗元虽然深受佛学的影响，但是从本质上，他仍然是孔孟正统儒家思想的代表人物。柳宗元的笔下，有文笔优美的游记，有哲理精深的寓言，更多的则是对唐朝末年弊政的鞭挞。其中《捕蛇者说》不仅倾注了作者对贫苦百姓的无限同情，而且有力地阐述了孔孟儒学的精华——"苛政猛于虎"的民本思想。

柳宗元在《捕蛇者说》中写道，永州所产的"异蛇"因为有重要的医学用途，被朝廷征用，所以当地从事捕蛇的人，可以免去赋税。

柳宗元碰到一位姓蒋的捕蛇者，他的祖父、父亲都被毒蛇咬死了，他自己也好几次差点送命。柳宗元很同情这位捕蛇人，对他说："既然你的祖父和父亲都是被毒蛇咬死的，我给你说说情，免除这个危险的差役吧。"

但是，这位捕蛇人却谢绝了柳刺史的好意。为什么呢？这位捕蛇人说出了其中的原因：与自己祖父一辈的人，只剩下十分之一了。与自己父亲一辈的，只剩下十分之二三了；自己这一辈的，剩下也不到半数；其余的人家不是已经死去，就是逃亡了；而自己正是因为捕蛇才侥幸存活下来了。

面对这严酷的事实，柳宗元悲愤地写道："孔子说：'苛政猛于虎也！'我还曾经有过怀疑。今天看到蒋氏（捕蛇人）的遭遇，我才真的相信了。呜呼！有谁知道赋税的毒害，比毒蛇还要厉害呢？"

【 施行孔孟之道 】

唐朝元和十年（815年），柳宗元再次被贬到柳州任刺史。柳宗元在柳州做了许多好事，深受当地老百姓的爱戴。元和十四年年底，这位伟大的诗人、文学家、哲学家、思想家和政治家在柳州逝世，年仅46岁。

柳宗元在柳州时，为柳州的黎民百姓办了很多好事，他在这里修孔庙，办学堂，破除巫神迷信，开凿饮用水井，释放抵债的奴婢，大力植树造林。

柳宗元在柳州释放抵债奴隶这件事，最为世人所称颂。

柳州在唐朝还是一片原始荒蛮之地，柳宗元到这里当刺史的时候发现当地仍然存在着奴隶制的遗风，以"人"抵押借贷，到时候还不上钱，被抵押的人就变成了终身奴隶。

柳宗元对这件事极为愤慨，他上任不久就颁布了新的政令：已经沦为奴隶的人，仍然可以出钱赎回。奴隶在为债主服役期间，要按劳动时间折算工钱。工钱抵完借债以后，奴隶恢复人身自由，回家与亲人团聚。

柳宗元去世以后，柳州的老百姓非常怀念他，人们为他建立了祠堂，千百年来祭祀不断。

《 描写山水游记 》

柳宗元一生留下的诗文作品有600多篇，他去世后，好朋友刘禹锡把这些优秀的文学作品编辑成集，即著名的《柳河东集》。柳宗元的著作丰富多彩，有思想深邃的哲学论著，有恬淡优雅的山水游记，有幽默嘲讽、嬉笑怒骂的寓言故事，还有精工缜密、意境深远的诗歌。

柳宗元的山水游记数量很多，以《永州八记》最为著名。这些作品一方面刻画了湖南当地美丽的山水景色，另一方面也寄予了自己的情怀。其中，最著名的就是《小石潭记》。

在这篇文章中，作者向人们描绘了一幅清幽宁静的风景画：茂密的竹林、潺潺的流水、清冽的小潭、活泼的游鱼……是那么优雅，那么宁静，又那么美丽。

让我们一起来欣赏这篇优雅的文章吧！

从小丘西行百二十步，隔篁竹，闻水声，如鸣佩环，心乐之。伐竹取道，下见小潭，水尤清冽。全石以为底，近岸，卷石底以出，为坻，为屿，为嵁，为岩。青树翠蔓，蒙络摇缀，参差披拂。

潭中鱼可百许头，皆若空游无所依。日光下彻，影布石上，佁然不动；俶尔远逝，往来翕忽，似与游者相乐。潭西南而望，斗折蛇行，明灭可见。其岸势犬牙差互，不可知其源。

坐潭上，四面竹树环合，寂寥无人，凄神寒骨，悄怆幽邃。以其境过清，不可久居，乃记之而去。

《 撰写深刻寓言 》

大家一定听说过"黔驴技穷"这个成语吧，这句成语即来自柳宗元的寓言《黔之驴》。

柳宗元的《黔之驴》原文写得非常精彩：

黔无驴，有好事者船载以入，至则无可用，放之山下。虎见之，庞然大物也，以为神；蔽林间窥之，稍出近之，慭慭然，莫相知。

他日，驴一鸣，虎大骇，远遁，以为且噬己也，甚恐。然往来视之，觉无异能者。益习其声，又近出前后，终不敢搏。稍近益狎，荡倚冲冒，驴不胜怒，蹄之。虎因喜，计之曰："技止此耳！"因跳踉大阚，断其喉，尽其肉，乃去。

贵州本没有驴，有个喜欢多事的人就用船运来了一头。因为没什么用，便把它放在了山下。老虎看到驴是个庞然大物，把它当作了神奇的东西，隐藏在树林中偷偷窥探它。老虎很小心谨慎，不了解驴究竟有多

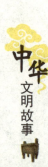

大本领。

有一天，驴一声长鸣，把老虎吓得远远地逃开了，还以为驴真的要吃掉自己，非常恐惧。

黔驴技穷

后来，老虎习惯了驴的叫声，觉得它好像并没有什么特殊本领，于是就开始慢慢接近它，只是还不敢向驴发动攻击。

再往后，老虎逐渐靠近驴，故意碰擦、冲撞冒犯它。驴大怒，就用蹄子踢老虎。老虎这时才知道："这家伙的本领不过如此呀。"于是，老虎跳跃起来，咬断了驴的喉咙，吃尽了它的肉，扬长而去。

从那以后，就有了"黔驴技穷"这个成语！

《 独钓寒江雪 》

千山鸟飞绝，万径人踪灭。

孤舟蓑笠翁，独钓寒江雪。

这是一首五言绝句，名为《江雪》。前两句"千山鸟飞绝，万径人踪灭"没有写江，也没有写雪，写的居然是山。无穷无尽的群山，没有一只飞鸟的影子。山间所有的道路，根本没有人的踪迹。那么，在这个孤寂、宁静的大自然中还有什么呢？

诗的后两句"孤舟蓑笠翁，独钓寒江雪"，描写了大江之上只有一条孤零零的小船，船上只有一个身披着蓑衣、头戴斗笠的老翁（诗人自己），在大雪覆盖的寒冷江面上独自垂钓。

诗的每一句写的都是景色，全诗对仗工整，意境深远。诗中以"千山"对"万径"，衬托着"孤舟"与"寒江雪"。以"鸟飞绝"对"人踪灭"，衬托着正在"独钓"的"蓑笠翁"。唐诗中描写景色的诗很多，再没有比这首《江雪》写得更工整、更凄美的了。

其实，永州地处亚热带，唐朝的气温又远高于现在，很少出现"大雪寒江"的景色，那么诗人为什么会写出这样的诗句呢？原来，这是诗人心中的景色。

正像清代学者王尧衢在《古唐诗合解》中所解释的那样："江寒而鱼伏，岂钓之可得？彼老翁何为而作孤舟风雪中乎？世态寒凉，宦情孤冷，如钓寒江之鱼，终无所得，子厚以自寓也。"

确实，《江雪》中那位傲雪凌霜、独钓于寒江之上的"渔翁"不是别人，正是诗人自己。这也正是柳宗元不畏权势、独行特立的侠肝义胆的真实写照！

妙手丹青夸吴工天
书法艺术惊后世
韩柳名
诗仙诗圣映华
王杨卢骆当时体
药王神医出盛唐
鬼斧神工话建筑
茶马古道飘茶香
丝路花雨炫世界
隋唐盛世现东方

书法艺术惊后世

唐朝是我国书法艺术的第二个高峰期，这个时期的书法家们最推崇的是东晋王羲之、王献之父子的书法，他们承上启下，在行、草、真、隶、篆等各种书体上都取得了辉煌的艺术成就。

初唐四大书法家

初唐是楷书成熟的重要时期。唐朝的楷书一方面直接继承了王羲之的书法特色，另一方面也吸收了汉隶和魏碑等传统书体的各种优点，博采众家之长，最终脱颖而出。

初唐时期，书法家人数众多，其中以虞世南、欧阳询、褚遂良和薛稷成就最大，被后人誉为"初唐四大书家"。

虞世南人称五绝

虞世南（558—638年），字伯施，浙江余姚人，学识渊博，刚正不阿，而且擅长书法。

虞世南与王羲之的七世孙智永和尚是好朋友，智永精通王羲之的书法，虞世南在智永的精心传授下尽得其妙。因此，虞世南的书法外柔内刚，圆融遒丽，在唐初四大书法家中排名第一。

唐太宗李世民非常喜欢虞世南的字，李世民的书法就是跟虞世南学的。

相传有一天，唐太宗练习书法，写到"戬"字时，只写了其中的一半"晋"，另一半还没写。正好虞世南前来觐见，就提笔补上了另一半"戈"。

唐太宗把两个人合写的这个"戬"字拿给魏征看，并问他："朕学世南，还近似吧？"魏征看了后说："'戈'字颇逼真。"

虞世南死后，唐太宗叹息道："世南死后，无人可以论书矣！"

虞世南的传世书法作品很少，许多碑帖都是后人临摹或托名伪作，连著名的《虞世南摹兰亭序》都有争议，真正能够认定是虞世南真迹的只有《孔子庙堂原碑》。

《孔子庙堂原碑》是虞世南69岁时写的。碑额上"孔子庙堂之碑"

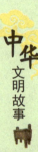

中华文明故事

是篆书，碑文是楷书，共35行，每行64个字。碑上的字横平竖直，笔势舒展，用笔俊朗圆润，字形狭长秀丽。北宋黄庭坚曾赋诗赞颂："虞书庙堂贞观刻，千两黄金哪购得。"

《虞世南摹兰亭序》，纸本，行书，纵24.8厘米，横57.7厘米，所用的白麻纸是唐朝旧物。这幅墨迹手卷直到明朝，都被认为是褚遂良的摹本。其实，褚遂良另有摹本传世，风格并不相同。

明朝书法家董其昌第一个认定这幅墨迹是虞世南的亲笔："似永兴（虞世南）所临。"于是，后世才改称"虞世南摹本"，清朝梁清标还在卷首题写了"唐虞世南临禊帖"七个字。

尽管这幅《兰亭序虞世南本》至今尚有争议，但是人们普遍认为在唐朝众多书法家中，最接近王羲之的只有两个人：一位是虞世南，另一位是他的弟子褚遂良。

《 欧阳询自成一体 》

欧阳询（557—641年），字信本，湖南长沙人。他父亲欧阳纥曾任南陈广州刺史，因举兵反陈被杀，并株连九族，欧阳询因当时年幼幸免于难。

欧阳询在隋末与李渊关系非常好，所以唐朝建立后欧阳询官至银青光禄大夫、弘文馆学士。他也是初唐四大书家之一。

欧阳询的字严谨劲峭，独具特色。元朝著名书法家赵孟頫曾称赞欧阳询的书法"清和秀健，古今一人"。

欧阳询的传世书法作品有《九成宫醴泉铭》《化度寺塔铭》和《虞恭公碑》等，其中以《九成宫醴泉铭》碑最为著名。

《九成宫醴泉铭》碑立于贞观六年（632年），原碑仍在。碑额上"九成宫醴泉铭"是篆书，碑文是楷书，共24行，每行49个字，记载的是唐太宗在九成宫避暑时发现泉水的事。

《九成宫醴泉铭》碑是欧阳询的书法代表作，直到今天，学习欧体书法的人仍然以此碑为范本。

欧阳询的作品早在隋朝就已声名鹊起，到了唐朝更是誉满天下，名传海外。

唐朝武德年间（618—626年），高丽国特派使者来长安求取欧阳询的书法作品。日本书法家对欧阳询的字更是爱不释手，日本《朝日新闻》的报头就是从欧阳询的《宗圣观记》中选凑出来的。

《 褚遂良博采众长 》

褚遂良（596—658年），字登善，浙江杭州人。褚遂良的书法，初学虞世南，后学欧阳询、王羲之，传世墨迹有《孟法师碑》《雁塔圣教序》和《褚摹兰亭集序》等。

唐太宗贞观十二年（638年），虞世南逝世，李世民很伤心。后来，魏征把褚遂良推荐给李世民，当了他的侍书。李世民非常满意。

传说，李世民曾不遗余力地收集王羲之的法帖，天下人争着献书领赏。李世民把鉴别真伪这个任务交给了褚遂良，由于褚遂良能丝毫不差地鉴别出王羲之的书法，很快就没有人敢将赝品送来邀功了。

褚遂良深得李世民赏识，不久，李世民便将他升为谏议大夫，兼起居郎，其职责是专门记载皇帝的言行。据《唐书》记载，有一次李世民问褚遂良："我能看看你记的是什么吗？"褚遂良回答说："皇帝自己不能看。"

李世民又问："我如果有不好的地方，你也一定要记下来吗？"褚遂良回答说："这是我的职责所在，所以您的一举一动，都是要写下来的。"足见褚遂良的忠贞和耿直。

贞观二十三年（649年），唐太宗弥留之际，将长孙无忌和褚遂良召到榻前，把辅佐太子李治的重担交给了他们二人，并对太子说："遂良在，国家之事，汝无忧矣。"

褚遂良的书法先学虞世南，后学欧阳询，并把两人的笔法融为了一体。

由于褚遂良受命鉴别民间献上的"二王"墨迹，这让他见到了内府收藏的多幅王羲之真迹。"二王"潇洒、飘逸的真品墨迹，使他大开眼界。他开始沉醉于其中，并专心致力于研习王羲之的书法，从那以后，他的书法出现了转机——融入了王羲之的书法风格。

唐朝书法家临摹王羲之《兰亭集序》有许多版本，据传说只有《兰亭序褚遂良摹本》最接近王羲之。

褚遂良书法的传世代表作是《雁塔圣教序》碑。《雁塔圣教序》碑由唐太宗李世民亲自撰文，褚遂良书写，18行，每行42个字，全称为《唐朝三藏圣教序》碑，现存于西安慈恩寺大雁塔。

《雁塔圣教序》把"二王"和虞、欧的笔法艺术地融为了一体，方圆兼施，外柔内刚，起伏顿挫，波势自如，是褚遂良书法中的传世精品。

唐朝书法评论家张怀瓘评价褚遂良的《雁塔圣教序》"美女婵娟似不轻于罗绮，铅华绰约甚有余态"。

从褚遂良开始，虞世南、欧阳询等人建立起来的严谨结构开始松动，甚至出现了某种回归，一种达到严谨后在更高的层次上走向"二王"潇洒、飘逸风格的回归。

《 薛嗣通书画双栖 》

薛稷（649—713年），字嗣通，山西河津人，唐朝著名画家和书法家。薛稷是河东大族，薛稷更是博学多才。他的书法，学自褚遂良，还擅长绘画，尤其精于画鹤，能生动地描绘出鹤的形神情貌。

薛稷的书法很有特色。他在学习、继承褚遂良书法风格的同时又有所发展，形成了特殊的"融隶入楷，媚丽而不失气势，劲瘦中兼顾圆润"的书法风格。因此，早在唐朝就有了"买褚得薛，不失其节"的说法。

薛稷的诗、书、画都很好，其书法代表作有《信行禅师兴教碑》《升仙太子碑》等，只可惜他画的鹤没能流传到今天。

在薛稷一生的艺术生涯中，绘画成就最高，后人说他"诗不如书，书不如画"。

唐朝中期四大书法家

唐朝中期，书法艺术进入了更加辉煌的时期，楷书、行书和草书都出现了重大转折，涌现出了许多大书法家，其中最著名的四大书法家是颜真卿、柳公权、张旭和怀素。

唐朝中期，楷书、行书和草书在艺术风格上都发生了重大转折。

楷书的风格开始从初唐时期的清俊刚健、秀美典雅转向了丰腴庄重、豪迈雄浑。其中，最重要的代表人物就是颜真卿和柳公权。

唐朝中期的行书和草书远远超过了初唐，张旭和怀素的草书，发扬了"二王"潇洒飘逸的艺术风格，形成了更加洒脱奔放的气势，出现了书法艺术的重大突破——创立了类似于近代绘画中"大写意"式的狂草。

《 气势恢宏颜真卿 》

颜真卿（709—785年），字清臣，唐朝长安人，唐朝中期书法家。他创立了"颜体"楷书，与赵孟頫、柳公权、欧阳询并称"楷书四大家"。

颜真卿3岁丧父，由母亲抚养成人。735年中进士，750年升任殿中侍御史，后来，因为得罪了宰相杨国忠被降为平原太守。

平原郡属安禄山的辖区，当时安禄山谋反已经初露苗头，颜真卿表面上以泛舟饮酒、不问政事的假象迷惑安禄山，暗中却以天下大雨城墙受损为名，高筑城墙，深挖战壕，全力备战。

755年，安禄山发动叛乱，河北各州郡大部分都沦陷了，只有平原郡顶住了叛军的进攻。颜真卿被推为联军盟主，与堂兄常山太守颜杲卿一起统兵20万，威胁着安禄山的后方，为扑灭叛军立下了汗马功劳。

"安史之乱"后，唐朝转向衰落，出现了藩镇割据的局面。

782年，淮西节度使李希烈发动叛乱。唐德宗找宰相卢杞商量，卢杞因嫉恨颜真卿，于是向德宗献计："只要派一位德高望重的大臣去劝导他们，不用动一刀一枪，就能平息叛乱。"并阴险地推荐了颜真卿。

为了国家安定，这位70多岁的老人，不畏艰险，毅然前行。785年8月，颜真卿死于李希烈之手，终年77岁。

颜真卿的书法气势恢宏，骨力遒劲。他与柳公权并称"颜柳"，后人有"颜筋柳骨"之誉。

颜真卿初学褚遂良，后学张旭，他一生的书法境界大致分为三个阶段：

古人很早就有了"文如其人"的说法，这四个字用在颜真卿身上再恰当不过了，颜真卿的为人，正像他的书法——丰腴雄浑，严正端庄。

中华文明故事

隋唐风云图

书法艺术惊后世

早期阶段

在这个阶段，颜真卿追求"雄"中有"媚"的境界，字体开始由瘦长向方正转变，出现了整密、端庄、沉稳、丰腴的特色，代表性的书法作品有《东方朔画像赞》和《多宝塔碑》。

中期阶段

经前期反复锤炼，此时颜真卿的书法完全转变了初唐楷书的风貌，变出了新意。后人评价为"前者侧，后者正；前者妍，后者壮；前者润色开花，后者元气淋漓"。这一时期颜体的代表作品是《麻姑仙坛记》。

《麻姑仙坛记》全称《唐抚州南城县麻姑山仙坛记》，关于此碑的书写，还有一个小故事。

唐大历六年（771年），颜真卿游南城县麻姑山，看到一些螺蚌壳化石夹在地层中。颜真卿认真研究了这个地质现象，提出了他的论点：远古时期这里是海洋，后来才成为陆地，那些化石就是证据。于是，颜真卿就撰写了这篇《抚州南城麻姑山仙坛记》，记述了麻姑得道成仙的故事，并刻在了石碑上。

最后阶段

这是颜真卿书法从成熟中加以神奇变化的阶段，代表作为《颜勤礼碑》。

《颜勤礼碑》是颜真卿71岁时为曾祖父颜勤礼撰文并书写的神道碑，此碑四面共刻了1667个字，是颜真卿书法的顶峰，也是"颜体"的最高境界。此时颜真卿的书法，在炉火纯青中彰显着疏淡质朴的气度，在圆润丰腴中透露出清俊豪迈的神韵。学习"颜体"，必临此碑。

据北宋欧阳修考证，《颜勤礼碑》立于唐大历十四年（779年），宋元祐年间已经下落不明。

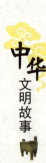

令人惊奇的是，1992年10月，《颜勤礼碑》惊现世间——出土于西安旧藩库堂。自此，"颜体"的顶峰之作在沉睡千年之后得以重见天日。此碑现藏于陕西碑林，为国家级重点保护文物。虽长期埋藏，但此碑字迹十分清晰，在唐碑中极为罕见。

《 挺拔清劲柳公权 》

柳公权（778—865年），字诚悬，唐朝"楷书四大家"之一。

柳公权从政五十多年，历经宪宗、穆宗、敬宗、文宗、武宗、宣宗、懿宗七朝皇帝。从秘书省校书郎直做到上柱国、太子少师、河东郡开国公，88岁辞世。

> 柳公权的书法，初学王羲之，后取颜、欧之长，把"二王"书法的清雅俊美和唐人书法的雍容丰满相结合，形成了以骨力劲健见长的"柳体"。

柳公权虽然一生深得皇室宠幸，但为人非常有气节。他把忠贞正直的品行、果敢刚毅的风采完全熔铸在了"柳书"的风骨之中。

据说，唐穆宗吃喝玩乐，不理朝政，柳公权早就想进行劝谏，只是一时没有找到适当的机会。

有一天，唐穆宗和柳公权谈论书法。唐穆宗向柳公权请教："你的字写得笔法端正、刚劲有力，可我却怎么也写不好，是什么原因呢？"

柳公权回答："写字，先要握正笔。用笔的要诀在于心，只有心正了，笔才能正，这跟治理国家是一个道理，不用心不行啊！"听了柳公权的话，唐穆宗知道他是借讲笔法在规劝自己，不由得脸都红了。

柳公权的书法主要是从钟繇和"二王"的书法中悟出来的，唐人都喜欢学"二王"的书法，只有柳公权的书法深得"书圣"王羲之的风神、韵趣和精华。

柳公权的书法在唐朝已经盛名远扬，当时就流传着"柳书一字值千金"的说法。据《旧唐书》记载，朝中公卿大臣家的墓碑，如果不是柳公权亲手书写的，人们就会认为儿女不孝。

柳公权一直到老，对自己的字都很不满意。传说，他在辞世前隐居京师城南的鹳鹊谷，专心研习书法，直到88岁去世为止。

柳公权书法的发展可分为三个阶段：

20岁至60岁为第一阶段

这是柳体形成时期，代表作为《金刚经刻石》，从中可见到他认真研习钟繇、王羲之的书法，兼有虞世南、欧阳询、褚遂良、颜真卿的体态。原石毁于宋，唯有敦煌石窟的唐拓本存世，现收藏于巴黎博物馆。

60岁至70岁为第二阶段

这时的柳书，改变了唐朝中期书法的丰腴肥厚之风，形成了清劲挺拔、瘦硬通神的劲媚之美，引起了人们的普遍赞赏，以《玄秘塔碑》和《神策军碑》最为卓著。

《玄秘塔碑》立于841年，楷书，共28行，每行54字，现藏于西安碑林。《玄秘塔碑》是柳公权64岁时所书，书体端正瘦长，笔力挺拔矫健，字里行间气脉流贯，全碑无一懈笔，是柳书中的精品之作。

《神策军碑》立于843年，此碑因为在皇宫禁地，不能随便传拓，所以传世非常少，北京图书馆藏有北宋拓本。《神策军碑》刻工极精，被认为是柳书传世的巅峰之作。明末大收藏家孙承泽认为《神策军碑》"书法端劲中带有温恭之致，乃其最得意之笔"。

70岁至88岁辞世为第三阶段

晚年的柳书，书法水平已达炉火纯青之境，这个时期的代表作是《复东林碑》。从保存下来的碑帖中可以看出，柳公权似乎想在《玄秘塔碑》和《神策军碑》之后再创更新的艺术境界。

晚年的柳书，就像一片壮美、绚丽的晚霞，神韵与境界更加悠然、深远，又像是一位已经得道的仙人走向高山极顶，消逝在那云雾缭绕的峰峦之中。

《 潇洒飘逸唯张旭 》

张旭（约675—750年），字伯高，苏州人，唐朝中期著名书法家。因为他嗜酒癫狂，所以名列"饮中八仙"，世称张颠。

张旭的草书与李白的诗歌、裴文的剑舞并称当时"三绝"。

张旭是颜真卿的老师，擅长草书，被世人尊为"草圣"。唐朝书法评论家张怀瓘在《书断》中把他的书法列为"神品"，称赞他的草书"若清涧长源，流而无限，萦回崖谷，任于造化"。

杜甫曾在《饮中八仙歌》中称赞他："张旭三杯草圣传，脱帽露顶王公前，挥毫落纸如云烟。"

传说当灵感到来，张旭把宣纸铺在地上，用长发作毛笔，直书狂草，犹如醉酒当歌，非常自在洒脱。唐人能得

唐朝大书法家张旭性格豪放，常在大醉后提笔落墨，一挥而就。所以，人们给他取了个雅号——"张颠"。张旭的字潇洒飘逸，豪放疏狂，笔画连绵不断，给人以痛快淋漓之感。

"草圣"张旭

到他的片纸只字，都视若珍品，世袭珍藏。

张旭流传后世的代表作是草书《古诗四帖》。《古诗四帖》书写在珍贵的五色笺上，书法为狂草，共40行，188字，现收藏于辽宁省博物馆。

《古诗四帖》是张旭最得意之作，他以独特的狂草在名贵的五色笺上纵情挥洒，书写了南北朝时期谢灵运与庾信的4首古诗。此帖笔法奔放不羁，如惊电激雷。行文跌宕起伏，满纸云烟缭绕，整体气势如虹，像长江大河一泻千里，是古今草书的巅峰之作。

张旭的书法虽然变幻莫测，惊世骇俗，被人们称为狂草，但却是潇洒磊落，字字有法。

唐朝众多书法家中，只有张旭真正继承了"二王"潇洒飘逸的书法风格。后人对张旭的作品推崇备至。

《 怀素书法冠唐朝 》

怀素（725—785年），字藏真，湖南零陵人，唐朝著名书法家。幼年好佛，出家为僧。怀素的草书潇洒飘逸，奔放流畅，被后人称为"狂草"。怀素与张旭齐名，人称"颠张醉素"。

怀素自幼聪明好学，他的草书，出于"二王"和张旭。他在《自叙帖》中描述自己："怀素家长沙，幼而事佛，经禅文暇，颇喜笔翰。"

怀素学习书法十分刻苦。传说，因买不起纸张，怀素找来一块木板和圆盘，涂上白漆书写。后来，因为漆板光滑，不易着墨，他就在寺院附近的一块荒地上种上万株芭蕉树。待芭蕉长大以后，摘下芭蕉叶，铺在桌子上挥毫临帖，人称芭蕉练字。

怀素的狂草对后世影响很大。后人评价怀素的狂草以狂继颠，不仅继承了张旭，而且还发扬光大。

怀素其实只是心中"怀素",他性情疏放,锐意草书。平时饮酒吃肉,交结名士。他与李白、颜真卿都有交往,以"狂草"闻名于世。

唐朝的许多文献中都有关于怀素的记载。唐朝诗人任华在《怀素上人草书歌》中,生动地描述了怀素在书法界的声望:"狂僧前日动京华……谁不造素屏,谁不涂粉壁。粉壁摇晴光,素屏凝晓霜。待君挥洒兮不可弥忘,骏马迎来坐堂中,金盘盛酒竹叶香。十杯五杯不解意,百杯之后始癫狂。"《自叙帖》是怀素草书中的代表作。纸本纵31.4厘米,横1510厘米,126行,共698字。帖前有李东阳篆书的"藏真自叙"四个字,现藏于台北"故宫博物院"。

宋人米芾对怀素极为推崇,他在《海岳书评》中说:"怀素(之书)如壮士拔剑,神采动人,而回旋进退,莫不中节。"米芾是北宋书画双栖的大艺术家,因此,从更广泛的艺术角度分析,也许只有怀素的书法才真正继承了"二王"神韵,才真正称得上是唐朝盛世的书法之最。

妙手丹青映江天

书法艺术惊后世

韩柳名篇天下传

诗仙诗圣出盛唐

王杨卢骆

药王神医出盛唐

鬼斧神工话建筑

茶马古道飘茶香

丝路花雨炫世界

隋唐盛世现东方

妙手丹青映江天

中国古代绘画艺术和书法艺术的第一个高峰期都在魏晋南北朝，魏晋时期书法艺术的巅峰是王羲之，而绘画艺术的顶点是顾恺之。

但魏晋时期绘画题材单一，主要是人物画。山水、树木、牛马、花鸟只是人物的陪衬，隋唐时期，这些都成了独立的题材。

隋唐时期的山水画远远超过了魏晋时期。魏晋的山水画还比较幼稚，人与景物画得不成比例。到了隋唐时期，展子虔、李思训、李昭道的山水画有了重大突破，进入了完美的艺术境界。

隋唐时期的人物画也比魏晋时期更加精美、传神，出现了阎立本、吴道子等著名画家和精美的绘画作品。隋唐时期的花鸟画和动物画成就更加突出，其中薛稷的鹤、韩滉的牛和韩幹的马都达到了极高的艺术水准。

《 宰相画师阎立本 》

阎立本（约601—673年），雍州万年（今西安临潼）人，唐朝宰相，也是著名画家。

阎立本的人物画，神态细致入微，栩栩如生，被后人称为"神品"。传世作品有《步辇图》《历代帝王图卷》《萧翼赚兰亭图》等，其中以《步辇图》和《历代帝王图卷》最有名。

隋唐的人物画继承了魏晋时期优秀的绘画技艺和绘画传统，融合了从西域传到中原的外来绘画风格，在艺术上更加成熟和精美，最重要的代表人物是阎立本、吴道子、张萱和周昉。

《步辇图》绢本设色，纵38.5厘米，横139厘米，现藏于故宫博物院。画的后面有唐人章伯益的篆书题记和北宋大画家米芾的题款，另外还有金章宗完颜璟、清仁宗颙琰等人的收藏印章，确实是唐朝真品。

《步辇图》画的是唐朝贞观十五年（641年）唐太宗李世民接见前来迎娶文成公主的吐蕃使者禄东赞的场景。图中的唐太宗李世民平和、威严，端坐在宫女们抬着的步辇上，画面左边站立着三个人：最前面，身穿红衣蓄着虬髯的是宫中的礼宾官员，中间身穿藏服的是吐蕃使者禄东赞，后面穿白袍的是宫中的内官。

这幅绘画不仅再现了这个具有伟大历史意义的事件，而且鲜明生动地刻画了人物的不同身份、气质、仪态和内心情感。

《历代帝王图卷》绢本设色，纵51.3厘米，横531厘米，现藏于美国波士顿美术馆。这幅画画的是汉武帝刘秀、魏文帝曹丕、蜀主刘备、吴王孙权、晋武帝司马炎等十三位帝王的画像。尽管阎立本《历代帝王图卷》的真本早已散佚，现在美国波士顿美术馆收藏的这幅《历代帝王

《步辇图》

图卷》是后人的摹本，但是基本上保留了唐朝绘画的重要特征。

在这幅《历代帝王图卷》中，阎立本通过自己的画笔成功地刻画了每一位帝王的个性。尽管这幅画还带有魏晋时期人物画的某些缺陷，但是确实代表了初唐人物画的最高水平。

画中把魏文帝曹丕精明强悍、咄咄逼人的神气，吴王孙权雄才大略、割据一方的强悍，蜀主刘备敦厚沉稳的神态都表现得十分生动。

《 唐朝画圣吴道子 》

吴道子（约680—759年），河南阳翟（今河南禹州）人。年轻时就以绘画知名，后来观看公孙大娘舞剑，悟出用笔之道，画艺更加精湛。开元年间，吴道子被召入宫廷作画，他笔下的人物、山水、鸟兽、草木都十分精妙，而且擅长壁画创作，被后世尊称为"画圣"。

传说，吴道子少年时代在河北定州柏林寺向一位老和尚学画。有一天，老和尚打开后殿，指着雪白的墙壁对吴道子说："我想在这空壁上画一幅江海奔腾图，画了好多次都不像真水。明天，我带你到各地江河

中华文明故事

湖海周游三年，回来再画它吧。"

第二天一大早，吴道子收拾好行李，就跟着老和尚出发了。只要遇到水，老和尚就让吴道子画。开头他还挺认真，时间一长，就有些烦了，不好好画了。

老和尚把他叫到身边，耐心地对他说："吴道子呀，要想把江河湖海的气势画出来，非下苦功不可，要一个水珠、一朵浪花地画。"说罢，老和尚打开随身的木箱，吴道子一下子就怔住了：满满的一箱子画稿，画的全是小水珠、小浪花和一层层的水波纹。

吴道子知道自己错了。于是，他每天早出晚归，画水珠，画浪花，无论多大的风雨，打着伞也要到海边观望水中浪花的变化。

光阴似箭，三年过去了，吴道子画的水已经非常逼真。回到柏林寺，就开始替师父画那幅江海奔腾图。画了九个月，吴道子终于完成了这幅壁画。

这天，老和尚沐浴更衣，领着全寺僧人一同来到后殿。吴道子把殿门轻轻打开，只见波涛汹涌，迎面扑来。一个小和尚大声惊呼道："不好了，天河决口了！"和尚们吓得你挤我撞，争相逃命。

老和尚看着扑面而来的浪花，仰天大笑，对吴道子说："吴道子，你成功了。"很快，定州柏林寺的《江

吴道子画江海图

海奔腾图》就名传天下，吴道子也成了盛唐时期的"画圣"。

吴道子常随唐玄宗外出巡游。唐玄宗东游洛阳，吴道子、将军裴旻和"草圣"张旭聚到了一起，三个人各自表演了自己的绝技：裴旻善于舞剑，拔剑起舞如风；张旭长于草书，潇洒挥毫泼墨；吴道子也奋笔当场作画。这天，洛阳的居民大饱眼福，人们高兴地说："一日之中，目睹三绝啊！"

唐朝佛教流行，吴道子画的佛像也妙绝当时。传说，吴道子总是最后才画佛像背后的圆光，而且一笔完成。

据唐人记载，吴道子画佛光时，坊市上男女老幼"望者如堵"，只见吴道子站立佛前，手臂一挥，佛像背后的"佛光"就画成了，围观的人"喧呼之声，惊动坊邑，或谓之神"。

其实，吴道子的佛光很好画。站在墙下，肩对圆心，手握画笔，手臂完全伸直，然后，挥臂在墙面一转，圆圆的佛光就画好了。肩对圆心，手臂伸直，不正是一个圆规吗？

《 张萱独创仕女图 》

张萱，长安（今西安）人，唐朝开元年间的画家。他笔下的仕女色彩富丽匀净，美丽生动。张萱的亲笔画作虽然已经佚失，但是流传下来的两件摹本《虢国夫人游春图》和《捣练图》，都是北宋徽宗皇帝亲摹的，仍然不失张萱原画的气质。

张萱的《虢国夫人游春图》，绢本设色，纵51.8厘米，横140.8厘米。宋徽宗赵佶临摹的张萱作品，卷后有王铎题跋，现藏于辽宁省博物馆。

《虢国夫人游春图》是唐朝张萱的传世珍品，描画了唐天宝年间玄宗的宠妃杨玉环的姐姐虢国夫人和秦国夫人及其侍从春天出游的行列。人马、服饰尽得唐人风致，真实地描绘了唐朝上层社会妇女闲散享乐的生活。因这幅画是宋徽宗赵佶临摹的，水平极高，所以仍然能显示出原作的神韵。

张萱的《捣练图》现藏于美国波士顿博物馆，绢本，设色，勾金，纵37厘米，横147厘米，也是宋徽宗赵佶临摹的张萱原作。这幅画在

《捣练图》

"靖康之难"中被掳到金国，画卷上至今仍有金章宗亲笔题写的"天水摹张萱捣练图"字样。天水即"天水赵氏"，指的就是宋徽宗赵佶。

《捣练图》描绘了宫中仕女捣练、熨练的场景，图中画了8名仕女，个个体态丰腴，面如皎月，衣饰也极为华美。

画卷后部的三名仕女，画得尤其传神，两人仰身扯练，一人细心熨练，神态从容娴雅。熨练之下还有一个天真烂漫的女童正在嬉戏，为画面平添了几分情趣。

《 周昉创水月观音 》

周昉，字仲朗，唐朝中期画家。周昉初学张萱，但是青出于蓝。周昉画的贵族仕女，以容貌丰腴、衣着华丽、用笔劲简、色彩柔艳冠绝一时，被称为"周家样"。

在《太平广记》中记载着这样一个小故事：

侍郎赵纵让韩幹为自己画了一幅画像，大家都称赞画得好。后来，他又请周昉也画了一幅。赵纵是唐朝汾阳王郭子仪的女婿，有一次，郭令公将这两幅画像放在一块儿，让人们品评优劣，结果谁也评定不出来。

正巧，郭令公的女儿回娘家。郭令公问女儿："这两幅画画的是谁？"女儿回答说："是我的郎君。"

郭令公问女儿："哪幅画得更像？"女儿回答说："两幅都很像，但是，后一幅画得更好。"

郭令公问为什么，女儿认真地说："前一幅画得很像，但是空得赵郎的容貌。后一幅连神态、表情、说笑的姿态都画出来了。"这后一幅就是周昉画的。

周昉画的仕女以笔法柔丽、形象端庄闻名于世，他创作的观音像都

在水畔月下，体态端庄，被后人称为"水月观音"。受周昉的影响，唐朝以后，几乎所有的观音像都被画成了美丽端庄的"水月观音"。

唐朝画家张彦远评价周昉的水月观音："衣裳劲简，采色柔丽，菩萨端严，妙创水月之体。"

周昉的传世名画有著名的《簪花仕女图》和《挥扇仕女图》。

《簪花仕女图》，绢本设色，纵46厘米，横180厘米，是全世界唯一认定的唐朝仕女画传世孤本，现藏于辽宁省博物馆。

画中描绘了几位衣着艳丽的贵族妇女春夏之交赏花游园的情景，向人们展示了这几位仕女在幽静而空旷的庭园中，以白鹤、蝴蝶取乐的闲适生活。

仕女们身上的纱衣长裙是唐朝盛装，高髻上簪大牡丹花，下插茉莉花，在黑发的衬托下，显得雅洁、明丽。画中人物以游丝描为主，行笔轻细柔媚，在色彩的映衬下成功地展示了罗纱和肌肤的质感。

画家还借花枝、蝴蝶、白鹤和小狗，展示了人物的不同性格和爱好。卷首与卷尾中的仕女，都是回首顾盼宠物的姿态，将全卷的人物收

《簪花仕女图》

拢在一起，形成了一幅完美的画卷。

中国邮票总公司在1980年还出过一套《簪花仕女图》的邮票呢，现在连这套邮票也成了集邮家手中珍贵的收藏品。

山水画精英辈出

隋唐时期的山水画，不再是人物画的背景，已经开始成为独立的绘画题材。隋朝展子虔的"青绿山水"和唐朝李思训、李昭道父子的"金碧山水"，为中国古代山水画开了先河。

虽然早在魏晋南北朝时期就已经出现了山水画，但是仍然停留在"人大于山，水不容泛"的稚拙状态，直到隋唐时期，才有了重大突破。

开创了山水画创作先河的是隋朝的展子虔和创出"金碧山水"技法的李思训、李昭道父子。

《 展子虔咫尺千里 》

展子虔（550—604年），隋朝著名画家，在中国绘画史上占有重要地位。展子虔的绘画题材广泛，人物、车马、山水、台阁，都画得十分精妙，尤其擅画山水。

展子虔的传世作品《游春图》，是中国现存最古老的山水画作品。

展子虔的《游春图》，纵43厘米，横80.5厘米，绢本，青绿设色，卷前有宋徽宗赵佶亲笔书写的"展子虔游春图"，现收藏于故宫博物院。

这幅画卷展现了水天相接的广阔空间：青山叠翠，湖水融融，士人或策马于山径之上，或驻足于湖水岸边，仕女们则泛舟水上，清风和煦，微波粼粼，桃李绽开，绿草如茵。

展子虔《游春图》

　　这幅青绿山水先以墨线勾出山川屋宇的轮廓，然后填敷青绿，再用深色重加勾勒，色彩非常典雅。

　　整幅画卷以巧妙的技法和丰富的色调，画出了春光明媚的江南美景。

　　展子虔《游春图》的绘画技法开创了中国古代山水画的先河。因为这幅画非常美，而且是流传至今的中国最古老的山水画卷，所以有"天下第一山水"的美誉。

【 李将军金碧山水 】

　　李思训（653—718年），字建景，陇西成纪人（今天水），李唐宗室。玄宗时担任右武卫大将军，因此，画史上称他"大李将军"。

　　李思训的画深受展子虔的影响，擅长青绿山水。他的画风意境深远，色彩古朴，是唐朝青绿山水画的代表。

　　由于年代久远，李思训的画作现在仅存《江帆楼阁图》和《九成宫纨扇图》两幅作品。

《江帆楼阁图》，绢本，青绿设色，纵101.9厘米，横54.7厘米，现藏于台北"故宫博物院"。这幅画虽然没有作者的款印，但画界公认是唐朝李思训的亲笔。

李思训这幅《江帆楼阁图》直接继承了展子虔《游春图》的画法，画卷上江天辽阔，风帆缥缈，山势起伏，变化多姿，气势比《游春图》还要雄浑开阔。

这幅画的上半部分画的是远景：浩渺的江水，天边画有两艘帆船，似乎渐行渐远。近岸处，有一叶渔舟，江中勾满了细密的鱼鳞纹，渐远渐渺茫。这幅画的下半部分是近景：江边坡岸桃竹掩映，山径层叠，殿阁迴廊，曲折宛转。

这幅画在着色上，以石青、石绿两种浓重色彩相互结合，然后以金线重加勾勒，显得金碧辉煌，色彩极美。正是这幅画，把展子虔独创的青绿山水画提高到了一个全新的境界，形成了独特的"金碧山水"画技。

李思训的儿子李昭道也是著名的画家，在"金碧山水"画技上有所创新，被后世称为"小李将军"。李昭道的代表作品是《春山行旅图》。

《春山行旅图》，绢本，青绿设色，纵95.5厘米，横55.3厘米。画卷上方题有"唐李昭道春山行旅图"，现藏于台北"故宫博物院"。

这幅《春山行旅图》非常美，崇山峻岭之中，枝叶苍翠，春意盎然，又行旅结队而行。

图的左面山路和栈道崎岖蜿蜒，仅容单骑艰难跋涉。图的右面山道略宽，可容双骑信步而行。图中溪水潺潺，小桥连岸，微波荡漾，美不胜收。

由于北宋后期，水墨画和"勾皴擦点染"的山水画技法逐渐成熟，唐朝的青绿山水逐渐变成了陌生的古画。因此，流传至今的唐朝青绿山水画就变得非常少，也非常珍贵了。

动物画生动传神

唐朝花鸟画得最好的是薛稷，他擅长画鹤，人称他"诗不如书，书不如画"。李白和杜甫对他画的鹤都曾经吟诗称颂。可惜的是，他画的鹤没能保存下来。

传说，南朝画家张僧繇的龙画得非常好，但是也没能保存至今。唐朝时期的动物画已经相当成熟，韩滉的牛和韩幹的马，画得最为生动传神，并且奇迹般地保存到了今天。

传说，南朝张僧繇笔下的龙不敢"点睛"，画上眼睛就会破壁飞天，但是没有人见过，只有唐朝的动物画得以流传后世。其中，韩滉笔下的牛和韩幹笔下的马，至今仍被后人称为"神品"。

《 韩幹笔下马 》

韩幹，唐朝画家，长安人，生卒年代不详，活跃于开元、天宝年间，最擅长画马。

韩幹奉召入宫后，唐玄宗让他向当时的画马名家陈闳学画马，但韩幹画出来的马，怎么看都跟陈闳的不同，玄宗问他是什么缘故。

韩幹回答说："臣本来就有很好的老师，皇上马厩里的上等好马，都是我的良师啊。"原来，韩幹是对着真马画的，所以他笔下的马神采飞扬，极具神韵。

韩幹的传世作品有《照夜白图》和《牧马图》两件珍品。

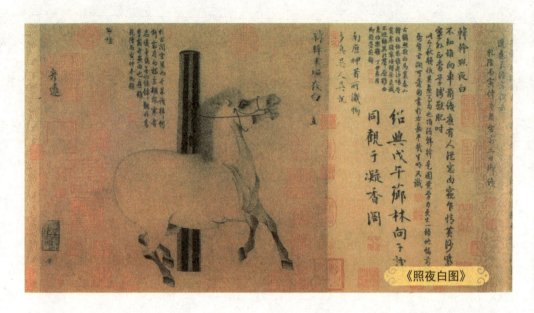

《照夜白图》

　　《照夜白图》，纸本，水墨，纵30.8厘米，横33.5厘米。图后有南唐后主李煜亲笔题写的"韩斡书照夜白"六个字，这幅画现收藏于美国大都会艺术博物馆。

　　画中的"照夜白"是韩斡在唐朝天宝年间画的，"照夜白"是唐玄宗最喜爱的一匹名马。在图画中，被拴在马柱上的照夜白仰首嘶鸣，奋蹄欲奔，神情激昂，充满生命的动感。马的体态肥壮矫健，唐韵十足。据专家考证，这幅画的马头、马颈、前身为韩斡所画的真迹，而后半身可能为后人补笔，因为年代久远，马尾巴现已不存在了。

　　韩斡的《牧马图》是册页，绢本，设色，纵27.5厘米，横34.1厘米，上面有宋徽宗赵佶的瘦金体亲笔题字"韩斡真迹，丁亥御笔"。由此可以判定，这幅画确实是韩斡的真迹，现收藏于台北"故宫博物院"。

　　韩斡的《牧马图》，画了一个牧马人骑在一匹白马上，牵一匹黑骏，并辔而行。这幅画生动地表现了骏马的体态神情，牧马人的威武形象。

中华文明故事

从画风来看，牧马人两腮胡须，体格高大肥壮。马匹神骏雄健，是来自西域的品种。

这幅画线条描绘细致流畅，黑白二马健硕丰满，生动逼真。人物衣纹简练，神情鲜活生动。

《 韩滉笔下牛 》

韩滉（723—787年），字太冲，长安人，唐朝著名画家。韩滉曾在朝中担任要职——检校左仆射同中书门下平章事，相当于宰相。韩滉在政治上很有作为，曾参与平定藩镇叛乱的斗争。

韩滉身为宰辅，博学多才，书法、绘画冠绝当时。他画的《五牛

韩滉《五牛图》

图》生动传神，被元代大书画家赵孟頫赞为"神气磊落，稀世名笔"。

韩滉《五牛图》，纸本，设色，纵20.8厘米，横136.8厘米。这幅画虽然没有作者的款印，但有宋高宗赵构、清朝乾隆弘历、赵孟頫、项元汴、金农等十四位名人的题记。现藏于故宫博物院，被公认为唐画中的珍品。

传说，有一天韩滉到郊外，看到耕牛食草，牧童嬉耍，逍遥自得。远处另有几头耕牛，有的翘首而奔，有的纵趾鸣叫，有的回头舐舌，有的俯首寻草。韩滉看得都出了神。

韩滉回家之后，反复构思，挥笔作画，一个月后，这幅状貌各异、生动鲜活的《五牛图》就问世了。图卷中一头牛正低头慢慢食草，一头牛则翘首向前奔驰，一头牛回顾舐（shì）舌，显示出一副旁若无人的样子；另一头牛则纵趾而鸣，好像在呼唤离去的伙伴；最后一头牛缓步跂（qí）行，似乎正在走向田头。这五头牛神态各异，让观赏者感觉回味无穷。

韩滉画的这幅《五牛图》的确是神品，这五头牛也确实称得上是中国古代绘画中最早、最"牛"的牛。